大数据时代下高职教育教学发展研究

贾一琦 著

北方联合出版传媒(集团)股份有限公司

万卷出版有限责任公司

图书在版编目（CIP）数据

大数据时代下高职教育教学发展研究 / 贾一琦著
. -- 沈阳 : 万卷出版有限责任公司, 2024.5
　　ISBN 978-7-5470-6545-7

　　Ⅰ . ①大… Ⅱ . ①贾… Ⅲ . ①高等职业教育－教学研
究 Ⅳ . ①G718.5

中国国家版本馆CIP数据核字(2024)第102239号

出版发行：北方联合出版传媒（集团）股份有限公司
　　　　　万卷出版有限责任公司
　　　　　（地址：沈阳市和平区十一纬路29号　邮编：110003）
印　刷　者：辽宁新华印务有限公司
经　销　者：全国新华书店
幅面尺寸：170mm×240mm
字　　数：235千字
印　　张：12.25
出版时间：2024年5月第1版
印刷时间：2024年5月第1次印刷
责任编辑：朱婷婷
责任校对：张　莹
装帧设计：汉唐工舍
ISBN 978-7-5470-6545-7
定　　价：48.00元
联系电话：024-23284090
传　　真：024-23284448

前　　言

在信息技术飞速发展的今天，大数据已经成为推动社会进步的关键力量。它的出现重塑了我们收集、分析、理解信息的方式，也在深刻地影响着教育领域的各个方面。特别是在高等职业教育（高职教育）领域，大数据不仅为教育质量提升、教学方法创新、课程内容更新等提供了可能性，也对教师教学、学生学习、教育管理等提出了新的挑战。

大数据技术的引入使得教育者能够实时追踪学生的学习进度、评估教学效果、预测教育趋势，从而实现更加精准、个性化的教育。同时，大数据也使教育管理更加科学、高效，有助于学校改进教育资源的配置、优化教育服务，更好地满足学生和社会的需求。

在大数据时代，高职教师不再仅仅是知识的传授者，而是需要成为学习资源的整合者、学习过程的设计者和引导者。这要求教师掌握数据分析、在线教学、团队合作等新技能，也需要教师更新教学观念，拥抱开放、共享、合作的教育理念。同时，本书也探讨了国家和学校如何通过政策引导、专业培训、平台建设等方式，支持教师的职业发展，提升教学质量。

本书共七章。第一章为大数据与教育大数据，重点介绍了大数据的产生与发展，大数据的定义、本质、分类与技术，大数据的特征与重要价值，5G通信网络推动下的大数据，教育大数据的内涵，以及教育大数据的应用与面临的挑战；第二章为大数据时代下的教育变革，包括五部分内容，分别为大数据引领信息化新时代、大数据对教育的促进作用、大数据时代教学的发展要点、职业教育发展现状、大数据时代下高职教育教学的具体变革策略；第三章为大数据时代下的高职信息化教学设计与工具，主要阐述了高职信息化教学设计和信息化教学工具；第四章为大数据时代下的信息化教学模式，包括信息化教学模式概述、基于问题的探究式教学模式、任务驱动教学模式、电子白板教学模式、电子书包教学模式五部分内容；第五章为大数据时代下的信息化教学手段，重点阐述了教育云平台、移动学习平台、翻转课堂；第六章为大数据时代下的高职教育管理，包括高职教育管理概述和大数据时代下高职学生教育管理创新基本思路与方法；第七章为大数据时代下高职教师教学能力发展，重点阐述了大数据时代高职教师教学能力内涵、大数据时代高职教师的角色发展及大数据时代高职教师教学能力提升的路径。

书稿内容丰富，重点突出，强调科学性和实用性，限于编者水平，难免存在不足之处，敬请广大读者和同道批评指正。

目 录

第一章　大数据与教育大数据

教育是灵魂的唤醒，数据是现实的记录。当下，数据无处不在，大数据风起云涌，云储存、云计算成为如水电气一样的社会公共资源，尤其是大数据引入教育领域，教与学已在一定程度上被大数据重构。党中央决定实施国家大数据战略，吹响了加快发展数字经济、建设数字中国的号角。我国教育领域的发展与改革正面临前所未有的挑战，大数据与教育的结合成为时代发展的必然要求。

第一节　大数据的产生与发展

一、大数据的产生与发展历程

人类社会的演进从未脱离过数据的影响，从原始时期利用"结绳记事"的原始记录方式，到文字的创造引发的"文以载道"的智慧传承，乃至现代依赖科学原理的"数据建模"，这一切不仅见证了数据在社会发展中的作用，也反映了人类依赖数据和信息来理解世界的不懈追求。大数据的历史演变可以概括为三个主要阶段：萌芽、发展与兴盛。

（一）萌芽时期：1990 年至 1999 年

大数据在其形成之初主要与计算相关领域密切相关，其后这一概念渐渐渗透到科学研究、商业运作及教育实践等多个领域。1997 年，美国国家航空航天局的研究人员大卫·埃尔斯沃思和迈克尔·考克斯在从事数据可视化领域的研究时首次引入了"大数据"一词。1998 年，Science 杂志上发表的论文《大数据科学的可视化》中，大数据作为一个专有名词首次正式亮相于学术刊物。在这一阶段，大数据更多地被视为一个初步的概念或假说，相关的研究工作尚处于探索阶段，学者们的关注点主要集中在如何处理巨量数据，而对数据的采集、管理、应用、存储、共享以及隐私保护等问题的研究尚显稚嫩。

（二）发展时期：2000 年至 2010 年

进入 21 世纪初，大数据迎来了快速发展期。2001 年，美国 Gartner 公司推出了先进的大型数据模型，与此同时，麦塔集团的分析师 Doug Laney 提出了后来广为人知的大数据 3V 特征，即数据量（Volume）、数据多样性（Variety）及数据处理速度（Velocity）。2005 年，一种名为 Hadoop 的技术应运而生，这种基于分布式文件系统的技术，通过 MapReduce 算法执行程序，实现了在多个 CPU 节点上的并行数据处理，这不仅促进了基于计算机集群的应用程序的发展，同时也加强了对大规模数据集的深入分析能力，从而确立了其在数据分析领域的重要地位。2007 年，图灵奖得主吉姆·格雷在一次演讲中提出了继实验、理论和仿真之后的第四种科学研究范式——数据密集型科学探索，这一理念的提出为科学研究开辟了新的视野，并引发了科学界对大数据角色的深入反思。在此阶段，大数据这一术语逐渐展现出其生命力，受到了越来越多的关注，相关的理论研究也得到了进一步的丰富和拓展，数据处理技术得到了飞速的发展。

（三）兴盛时期：2011 年至今

跨入 2011 年，大数据领域迎来了一个里程碑式的突破。在这一年，通用商用机械公司研发的沃森超级计算机刷新了数据处理的界限，它能够每秒钟扫描及分析高达 4TB 的数据，这一成就不仅打破了世界纪录，更标志着大数据处理能力已攀升至全新的顶峰。紧接着，麦肯锡咨询公司发表了《大数据前沿报告》，该报告深入阐释了大数据的技术架构，并全面概述了大数据在各行业中的实际应用情况。

2012 年，在瑞士达沃斯论坛上发布的《大数据大影响》报告更是提出了一个引人深思的观点，即数据已然被塑造为一种新型的经济资产，其价值可媲美传统的货币或黄金。报告强调，众多国家的政府部门已经将大数据战略提升至国家层面，正式宣告了大数据时代的全面开启。在这个时期，牛津大学教授维克托·迈尔·舍恩伯格作为洞悉大数据发展趋势的先行者之一，与肯尼思·库克耶联合发表了影响深远的著作《大数据时代》。该书不仅为公众普及了一系列颠覆性的思想观念，更强调了大数据时代的核心应是"预测性分析"。与此同时，数据分析方法也由传统的"随机采样""精确求解"及"强调因果关系"转型为"全量数据分析""接近真实的解决方案"以及"关联性分析优先于因果逻辑"的现代模式。

自 2012 年以来，大数据的概念和应用已渗透至社会各行各业，这一领域的研究焦点也由最初的理论探讨逐步扩展到了技术开发、产品创新、应用拓展、标准制定以及数据治理等多个层面。在当前阶段，社会各界对于大数据的认识已达成基本共识，普遍认同大数据在新时代背景下的核心价值，即为人类认知事物和作决策提供了更为广阔的视角和思维方式。挖掘和分析大数据，不仅可以揭示事物运行的内在规律，还能够为社会发展和人类进步提供前所未有的驱动力。

二、大数据的发展现状与趋势

在当代，大数据技术已经融入国家发展的各个方面，成为推动社会进步的关键力量。全球各国普遍将大数据技术作为经济增长、产业革新、政府服务优化、监督能力加强以及社会治理完善的重要工具。

（一）我国大数据相关政策法规

自 2014 年起，大数据议题首次被纳入《政府工作报告》，它的重要性逐渐受到各级政府的高度重视。概念如政府数据的开放共享、数据的流动与交易，以及利用大数据改善民生等，已深入公众心智。针对此，我国政府及相关部门陆续制定并实施了一系列的政策措施，旨在鼓励大数据产业的健康、快速发展。

2015 年 8 月，国务院发布《促进大数据发展行动纲要》，明确指出要加速政府数据的开放和共享，推动资源整合，以提升政府的治理能力。同时，该纲要强调推动产业创新，培育经济新动能，助力经济结构的转型升级，以及强化数据安全，提升全社会的管理水平，确保大数据行业健康、有序发展。

紧接着在 2016 年 10 月，国家发改委办公厅发布《关于组织实施促进大数据发展重大工程的通知》，该文件从解决制约大数据创新发展的关键问题出发，着重推进了数据资源的开放共享，强调大数据基础设施的统筹规划，目的在于打破数据孤岛，深化数据的综合应用，并积极培养以数据为核心的新兴产业和业态。

2017 年 1 月，工信部则发布了《大数据产业发展规划（2016—2020 年）》，该规划提出，要坚持创新驱动、应用引领、开放共享、统筹协调、安全规范的原则，全面促进行业内大数据的深度应用，加快大数据标准体系的建设，同时不断提高数据的安全性和完整性。

同年，国务院在《国家教育事业"十三五"规划》中强调教育领域大数据的重要性，提出要大力发展教育大数据，加快教育云服务体系的构建和教育数据资源共享机制的建立，从而提升教育质量和效率。

此外，2018 年 4 月国务院发布的《科学数据管理办法》进一步规范了科研机构及个体在数据采集、整合、保存、使用、共享以及保密等方面的行为，为科学研究中的数据管理提供了更明确的法律指导和规范。

以上这些政策法规的出台，充分展现了我国在大数据领域的战略布局和深远眼光，反映了政府对于大数据在社会经济发展中作用的高度认识和重视。这些政策的实施不仅为大数据产业的发展提供了有力的政策支撑，也为各行各业的转型升级和社会治理创新提供了新的思路和手段。

2017 年 12 月 8 日，习近平总书记在十九届中共中央政治局第二次集体学习时的重要讲话中强调，要审时度势、精心谋划、超前布局、力争主动，实施国家大数据战略，加快建设数字中国。2021 年 10 月 18 日，习近平总书记在十九届中共中央政治局第三十四次集体学习时的重要讲话中强调，要把握数字经济发展趋势和规律，推动我国数字经济健康发展，并做出了"加强关键核心技术攻关，加快新型基础设施建设，推动数字经济和实体经济融合发展，规范数字经济发展，完善数字经济治理体系"的战略部署。

（二）大数据应用

随着大数据应用的不断深化，其在实际应用中的表现形式日趋多样。根据分析的深度和广度，大数据的应用可以划分为描述性分析、预测性分析和决策指导性分析三大类。

第一，描述性分析应用。这一类应用通过对大量数据进行描述性统计分析，旨在从数据海洋中提炼出有价值的信息和知识。通过这种方式，可以帮助分析者了解事件的发展脉络和内在特性。一个典型的例子是美国的 DOMO 公司，该公司通过数据提取、整合和可视化等技术，揭示数据背后的深层信息，为企业管理者和决策者提供了对企业当前状况的深入洞察，从而帮助他们做出基于数据的科学决策。

第二，预测性分析应用。不同于描述性分析，预测性分析应用致力于通过大数据挖掘和分析技术，揭示事物之间的内在联系，预测未来发展的可能趋势。大卫·罗斯柴尔德的成功案例便是此类应用的佐证。在 2013 年，他利用大数据分析成功预测了第 85 届奥斯卡奖 24 个奖项中的 19 个得主。到了 2014 年，罗斯柴尔德进一步利用投票数据、基础数据、用户生成内容和市场预测数据等，构建了一个更为精确的预测模型，成功预测了第 86 届奥斯卡奖 24 个奖项中的 21 个，从而再次证明了大数据在预测分析中的巨大潜力。

第三，决策指导性分析应用。此类应用是在描述性分析和预测性分析的基础上发展而来，其核心在于通过深入分析不同策略可能产生的结果，从而指导做出最优或最具效益的决策。一个具体的应用实例是在自动驾驶领域。通过分析由激光雷达、摄像头和高精度地图所收集的海量数据，系统能够预判车辆在不同驾驶行为下可能遭遇的具体情境，进而为车辆自动驾驶提供决策支持。

总的来看，当前大数据应用的实践中，描述性和预测性分析的应用相对更为常见，然而，具有更高层次深度的决策指导性分析应用还不够普遍。通常，决策过程可以分为三个主要阶段：现状认知、未来预测和策略选择。这三个阶段分别对应大数据的描述性分析、预测性分析和决策指导性分析。深层次的大数据应用，如决策指导性分析，往往意味着计算机需要承担更多、更为复杂的任务。例如，在人机博弈等高度复杂的非关键性领域中，计算机所承担的任务在数量和复杂性上往往超越人类。

展望未来，预测性和决策指导性分析等深层次的大数据应用将成为该领域发展的重中之重。这不仅需要更精准的分析模型和算法，更需要在大数据质量、处理能力和应用深度等方面进行全面的技术革新和优化。此外，随着人工智能和机器学习技术的不断成熟和进步，其与大数据的结合将为处理更复杂的决策问题提供可能，推动各行各业，特别是在需要高度精确决策的领域中，实现更高层次的智能化和自动化。

（三）大数据治理

在当代社会，大数据已经显著地成为一种战略性资源，其重要性日益凸显。然而，随之而来的是一系列挑战和问题，包括数据壁垒的普遍存在、相关法律法规的缺失或滞后，以及数据治理体系的不完善，这些因素共同阻碍了数据的共享、开放，以及安全性保障。特别是在数据确权、流通和管控方面，现行机制面临着多重挑战。因此，解决大数据应用、共享、安全以及隐私保护之间的矛盾，推进大数据治理，已成为刻不容缓的任务。

一方面，社会对大数据的共享和开放有着迫切的需求。数据开放理念的提出最初源自政府部门，主要因为大数据的价值往往是潜在的，需要通过创新和深入的分析来挖掘和释放。政府在数据采集和拥有方面具有特殊优势，但其在数据利用效率方面却相对较低。因此，形成了一种广泛的共识：最有效地提取政府数据价值的方式是允许私营部门和公众访问这些数据。这一理念随后得到了国际的广泛认可和实践。

然而，尽管人工智能的应用通过对海量数据的深入分析和挖掘取得了显著进展，但现实情况是，许多组织或机构仍旧采用封闭的方式收集和使用数据，通常这些数据只覆盖了问题的一部分，难以形成全面的视角和分析。因此，它们往往无法获取或整合足够多的高质量数据，这在一定程度上限制了大数据的潜能和应用范围。

解决这一局面的关键在于推动数据的共享和跨界流通。通过打破数据孤岛，促进不同来源数据的整合，可以构建更为全面、高质量的数据集，从而更好地服务于社会经济发展的各个方面。这不仅能够促进数据资源的优化配置和高效利用，也有利于激发数据的内在价值，推动人工智能等相关领域的创新和发展。因此，建立一个开放、共享、安全、高效的大数据生态系统，是当前乃至未来社会发展的重要任务。这需要政府、企业和社会各界共同努力，完善相关法律法规和标准，建立健全数据治理体系，并积极推动技术和应用创新。

另一方面，必须认识到，数据的开放共享可能带来数据安全和隐私泄露的风险，这需要通过合理的规范和控制来进行平衡和管理。近年来，为了强化网络环境中个人信息的安全防护，中国已经制定并实施了《中华人民共和国网络安全法》《电信和互联网用户个人信息保护规定》以及《全国人民代表大会常务委员会关于维护互联网安全的决定》等一系列法律法规。这些法规不仅在确保数据安全方面发挥了关键作用，同时也不可避免地增加了数据流通的成本和复杂性。

因此，在当前全球数据治理的语境下，如何在促进发展与确保安全之间找到平衡，成了一个亟待解决的复杂问题。国际上虽然已经对数据治理问题展开了广泛的研究，但仍面临若干挑战：首先，当前的大数据治理概念使用范围相对"狭隘"，多数研究和实践集中在企业组织层面，往往只是从单一组织的视角出发，忽略了数据的跨界流动和综合治理需求，这在一定程度上制约了大数据潜能的充分释放；其次，不同研究者和实践者基于流程设计、信息治理、数据管理应用等不同的出发点，对大数据治理给出了不同的解读和定义，导致业界对大数据治理内涵的理解尚未形成统一和广泛的共识；最后，现有的大数据治理研究和实践在系统性、完整性、一致性以及相关性方面存在明显不足，缺乏一个全面而深入的理论和实践框架。

当前，学术界和产业界已经对大数据治理的重要性有了普遍而深刻的认识，大数据治理研究已成为该领域的焦点和热点。在未来一段较长时间内，构建和完善大数据治理体系，提升治理效能和水平，将是各方需要持续投入精力和资源的关键方向。这不仅包括继续深化理论研究，形成共识，也包括跨学科、跨领域的合作，以及实践中的创新方法和技术的探索，以期构建一个更加安全、有效、有序的大数据使用和管理生态。

第二节　大数据的定义、本质、分类与技术

一、大数据的定义

大数据，作为一个学术和技术术语，在当代科技和研究领域占据了核心地位。它不仅仅是指数据集的庞大规模，而是指一种从各个方面（如规模、多样性和速度）突破传统数据处理软件和硬件能力极限的数据集合，这种集合需要新的处理模式来形成更强的决策力、洞察发现力和过程优化能力。

在核心定义上，大数据突破了传统数据库系统的容量和性能限制，需要采用并行软件运行在成百上千的服务器上。数据本身具有高度异质性、多维性、时空属性和多源性，这些特点也决定了大数据的复杂性不仅表现在数据量上，还表现在数据管理的各个环节。这就需要数据科学家和分析师掌握更复杂的数据采集、存储、分析和可视化技术。

大数据的概念还包括数据的多样性，这意味着数据可以有多种来源，包括文本、图片、视频、交易数据、传感器数据等，并且可以不是结构化的。例如，社交媒体帖子或科学实验数据可能是非结构化的，不能轻易地放入传统的关系型数据库中。此外，数据质量和可用性的问题在大数据的背景下变得尤为重要，因为数据量的巨大使得传统的数据清洗方法变得不再适用。

再者，大数据也涉及数据的实时或近乎实时分析，这要求数据的处理速度要能够匹配数据的生成速度，以便实现连续的数据输入和实时的洞察输出。这种高速度数据流处理是许多实时决策应用的基础，如金融市场交易、在线广告投放、智能交通系统等。

总的来说，大数据是一个多维的概念，它超越了数据规模的简单定义，涵盖了数据集的多样性、管理的复杂性、需要实时分析能力以及从数据中提取信息和知识的新方法。在这个意义上，大数据不仅仅是一种技术挑战，它还代表了一种对传统方法和思维的根本转变，要求相关领域的从业者、研究者和决策者重新思考如何利用这一资源来生成洞见、推动创新并创建价值。

二、大数据的本质

从宏观的历史视角审视，人类对信息的理解和应用历程不仅仅揭示了认知发展的脉络，也同步记录了实践技术的演进史。纵观人类文明史，我们可以明确地辨识出四次重大的信息革命，它们分别标志着人类社会在不同发展阶段的飞跃。

首次革命是语言的创造。这一划时代的进步昭示了人类逐渐浮现的需求，即以更抽象的方式表达、理解并影响外部世界。语言不仅促成了思维的形成，更重要的是，它将具体事物的多维信息转译为声音这一即时的信息载体。然而，语言传播本身固有的局限性在于其难以超越发声个体的时空界限，信息的留存和迁移受到了极大的制约。

第二次革命是文字的产生，及其催生的造纸术和印刷技术。这些重大发明实现了思想的物质载体形式，从而使人类得以跨越时间和空间的障碍，分享和传承知识。尽管文字的出现打破了语言在时空上的限制，但这一进程相对烦琐，且在交流和传播上需要更高的成本和时间投入。

第三次革命的核心在于电信通信的诞生，包括电报、广播和电视等。这些媒介的出现实现了文字、声音和图像信息的即时远距离传递，极大地便利了人们的日常沟通和信息交换，为后续的电子计算机与互联网技术发展奠定了基础。

第四次，也是迄今为止规模最大、影响最深远的革命，是电子计算机与互联网技术的综合性飞跃。现代通信技术与计算技术的融合大幅度提升了信息的传递和处理速度，人类获取、处理和利用信息的能力因此达到了前所未有的水平，从而催生了全新的社会形态——信息社会。

总的来看，在一定意义上，人类文明的演进史可以视为信息技术发展的连续史。每一次技术的革新和跃进都在推动着社会结构的重塑和思维方式的转变，进而在更广阔的层面上影响着文明的进程和人类的历史走向。

（一）信息

从哲学的本体论维度深入探讨，信息可以被阐释为事物存在状态和动态过程的外化反映。这里的"事物"是一个宽泛的概念，包罗万象，涵盖人类社会、思维活动以及自然界中的所有可能实体。事物的"存在方式"关乎其内在的构造和与其他实体的相互联系，而"运动状态"则描述了事物在时空中变迁的特性及其内在规律。在认识论的层面，信息被理解为主体感知或描述的关于事物的存在方式和运动状态的认识和表达。这种感知涉及从外部世界到认知主体的信息输入，而表述则关乎从认知主体向外部世界的信息输出。

（二）数据

数据，作为信息的一种表现形式，是一组能够客观描绘现实的符号、数字或文本。它可以被定义为赋予特定意义的实体，用于表征事物的多种存在形态，是构成知识体系的基本字符集合。从属性角度，数据可以细分为定性数据和定量数据；前者描绘事物的非数值特性，后者则量化事物的具体数值。根据具体表现形式，数据亦可分为数字数据和模拟数据，其中模拟数据进一步分为符号数据、文字数据、图形数据以及图像数据等。

在计算机科学领域，数据被认为是可供电子计算机输入的、具备特定意义的字符、数字和符号的总和，能够经由程序加工处理，成为信息系统不可或缺的组成元素。数据具有记录和传输的功能，它可以通过各种外围设备传输至计算机，并存储在物理介质上。通过计算机的处理，数据转化为具有特定意义的信息，满足人类的多样化需求。此外，数据分析过程中，我们对数据进行一系列操作，如分类、采集、录入、存储、统计检验和统计分析等，这不仅增强了数据的内在价值，也使得通过数据解读而获得的信息变得更加丰富和精确。

（三）数据与信息

探讨数据与信息的关系，需从它们在知识体系中的位置和功能谈起。数据作为信息的基础，是未经解释的原始事实或观点，是构成信息的基本单位。信息则是在特定背景下，数据被解读和理解后的产物，它是数据获得意义和用途后的转化形态。进一步而言，知识是信息通过人类思维活动如归纳、推理而形成的有组织、有目的的结构，呈现出规律性和可预测性的特征。

在大数据时代的背景下，"数据"一词的内涵经历了显著的扩展。它不再仅仅指基于事实的数字表征，而是泛指存储于电子设备中的所有形式的记录，如文本、图像、视频等。这一转变标志着数据的属性和作用的多元化，以及信息技术对数据处理能力的增强。

精练地表述，信息是被赋予意义的数据，是数据经过特定处理和解释后的产物。信息与数据构成了密不可分的双元关系：数据构筑了信息的物质形态，而信息则赋予数据以内在含义。数据，脱离了具体应用和背景，是中性的，没有直接意义；仅当数据能够影响决策或行为时，它才转化为信息。值得注意的是，信息能够独立于特定的信息系统或其组件和阶段而存在，而数据的具体格式和表现则常常与特定的计算机系统和存储媒介相关联，这一点在数据转换和传输过程中尤为明显。

在这个语境下，大数据不仅是海量数据的集合，更是一个由高度复杂、多元化的信息构成的系统，它依赖于先进的信息技术来进行数据的收集、存储、分析和解释，从而揭示深层次的联系和规律，为决策提供支持，推动知识的进化。

（三）大数据的分类

大数据的范畴已经深入社会各个层面，它的影响力不仅渗透到科研、商业、政府机构等领域，而且在日常生活中也扮演着重要角色。要系统地理解大数据的深远影响，有必要从不同的角度对其进行分类。以下是依据不同标准对大数据的详细分类阐述。

1.依据来源不同分类

（1）科研数据

科研数据是在各种科学研究过程中产生的大量数据。这类数据通常来自实验室的精密仪器设备、科学实验、模拟或观察研究。这些数据的特点是极度精确、原始和未经筛选，它们是研究人员用来验证假设、建立理论或发现新知识的基石。科研数据的范围可以涉及从天文学、基因组学到社会科学乃至人文学科的所有领域，这些数据的复杂性、多样性和规模对数据存储、管理、分析及解释提出了极高的要求。

（2）互联网数据

互联网数据是通过网络交互、社交媒体、网络购物平台以及各种在线服务产生的数据。包括用户生成的内容（如博客、评论、微博等）、共享的视频或照片、在线交易信息、网站浏览记录等。这些数据具有实时性、动态变化和非结构化的特点，对数据抓取、处理和分析技术提出了新的挑战。互联网数据的分析有助于深入了解用户行为、社会动态和市场趋势，对商业智能、网络安全、个性化服务等领域具有重要价值。

（3）感知数据

感知数据来自各种传感器和监测设备，如卫星遥感、城市视频监控、工业传感器、医疗监测设备等。这类数据通常以连续的时间序列形式存在，能够反映环境变化、生理信号、设备状态等多种信息。由于数据采集通常实时进行，因此感知数据往往具有海量、实时、连续的特点，对数据传输、存储和实时分析算法提出了更高的要求。感知数据的分析处理对于环境监测、健康管理、智能制造等领域具有重要意义。

（4）企业数据

企业数据是在企业的各项业务活动中产生的数据，包括客户信息、交易记录、财务报表、生产日志、库存管理等信息。这类数据的主要特点是结构化或半结构化，涉及多个业务部门，对数据安全和隐私保护要求很高。企业数据对于内部决策支持、业务流程优化、风险管理以及客户关系维护等都至关重要。随着大数据技术的引入，企业不仅可以提高内部效率，还可以通过数据挖掘和预测分析获得市场洞察，从而取得竞争优势。

2.依据使用主体分类

（1）政府的大数据

政府的大数据是指在政府管理和公共服务过程中积累的大量数据。这些数据涵盖人口普查、经济统计、公共健康、城市规划、社会安全等多个领域，具有权威性、全面性和时效性。政府通过分析这些数据可以提高公共服务水平，实现精细化管理，同时为政策制定提供科学依据。大数据时代对政府部门不仅是技术和管理的挑战，更是推动政府转型、提升治理能力的机遇。

（2）企业的大数据

企业的大数据主要指企业在运营过程中收集和分析的大量商业数据。这类数据来源包括企业内部系统、商业合作伙伴、社会媒体、市场调查等，涉及生产、销售、供应链、客户关系等多个业务环节。对这些数据的分析可以帮助企业洞察市场趋势，了解客户需求，优化业务流程，创新商业模式。在激烈的市场竞争中，大数据已成为企业获取竞争优势的重要资源。

（3）个人的大数据

个人的大数据是指个人在日常生活和工作中产生的数据，包括社交媒体活动、在线购物、移动设备数据、个人健康记录等。这类数据反映了个人的行为习惯、生活方式和工作状态。随着物联网和智能设备的普及，个人数据正变得日益丰富和多样。个人可以通过数据分析来优化生活质量、提高工作效率、保持健康生活方式。同时，个人数据的积累和应用也引发了数据所有权、隐私保护等一系列社会伦理和法律问题。

四、大数据的技术

大数据技术是一系列复杂且互相关联的技术的总称，其核心目的是处理结构化和非结构化的巨量数据集。这些技术不仅要应对数据量的急剧增长，还要解决数据多样性、处理速度和数据价值挖掘等挑战。在当今数据驱动的决策环境中，大数据技术的应用成为各行各业转型的催化剂。以下是对几个关键的大数据技术的详细阐述。

（一）数据存储和管理技术

随着大数据时代的到来，传统的数据存储技术（如关系型数据库）由于无法有效处理如此巨大和复杂的数据而面临挑战。因此，新的数据存储和管理技术应运而生，其中最具代表性的是分布式文件系统。

分布式文件系统（如 HDFS）允许跨多个硬件节点的数据存储，提供了高容错性，能处理 PB 级甚至 EB 级的数据。这种系统通过在不同物理设备上复制数据来实现容错，并允许系统在不中断服务的情况下进行硬件维护，从而提供了几乎不间断的数据可用性。

另外，非关系型数据库（NoSQL 数据库）也是大数据存储技术的重要组成部分。与传统的关系型数据库相比，NoSQL 数据库具有更好的扩展性，能够存储非结构化或半结构化数据，并满足高并发读写的需求。典型的 NoSQL 数据库包括文档存储（如 MongoDB）、键值存储（如 Redis）、宽列存储（如 Cassandra）和图形数据库（如 Neo4j）。

这些高级的数据存储解决方案可以灵活处理各种数据格式和复杂的数据类型，是大数据技术框架中不可或缺的一环。

（二）数据处理和分析技术

大数据的价值在于分析。传统的数据处理工具和方法无法快速处理如此庞大的数据量，因此，更高效的数据处理和分析技术变得尤为重要。其中，MapReduce 和实时数据处理（如 Spark 和 Flink）是最为关键的技术之一。

MapReduce 是一种编程模型，用于大规模数据集（大数据）的并行计算。这个模型的关键点是"Map"（映射）和"Reduce"（归约），分别处理任务的分解和结果的合并。Hadoop 是最流行的 MapReduce 实现，它可以在廉价的商用硬件上运行，实现了真正的分布式计算，使得数据处理工作可以在成百上千的处理节点上并行执行，大大加快了数据处理速度。

然而，对于需要实时分析的应用场景，传统的 MapReduce 处理速度不够快。这推动了实时数据处理框架（如 Spark 和 Flink）的发展。

（三）数据挖掘和机器学习技术

数据挖掘是从大量数据中提取有用信息和模式的过程。通过应用统计学、机器学习、深度学习和其他方法，数据挖掘有助于企业发现未知的关联、模式和趋势，从而指导业务决策。

机器学习是实现这一点的关键技术之一，它可以让计算机系统利用算法从数据中"学习"信息，而无须明确编程。在大数据环境中，机器学习算法（如分类、聚类、预测和推荐系统）可以处理复杂和多维的数据集，揭示数据的内在属性和关系，这对风险评估、市场分析、个性化营销等领域具有重要价值。

深度学习，特别是具有多层非线性处理单元的神经网络（如卷积神经网络 CNN 和递归神经网络 RNN），在图像和语音识别、自然语言处理等领域取得了突破性进展。这些技术能够识别模式和特征，这些模式和特征对于人类来说是难以察觉的，从而发现数据的深层次含义。

第三节　大数据的特征与重要价值

一、大数据的 5V 特征

大数据是一个多维度的概念，其在业界被广泛认可的定义通常围绕所谓的

"5V"特征：体量（Volume）、速度（Velocity）、多样性（Variety）、真实性（Veracity）和价值（Value）。这些关键特征描述了大数据的主要属性和固有挑战，也揭示了它在现代商业和科研领域的重要性。

（一）体量（Volume）

体量是指在大数据环境中产生和存储的数据量的巨大性。随着全球数字化程度的不断提高，我们正处于一个数据爆炸的时代。来自社交媒体、商业交易、科研活动、物联网设备、工业传感器等的数据源源不断地生成，形成了海量的数据集合。这些数据的数量往往达到 TB（太字节）乃至 PB（拍字节）级别。

传统的数据存储和处理系统面对如此庞大的数据量，往往会遇到性能瓶颈和成本问题。因此，大数据时代要求更为先进的技术和架构来有效存储、管理和分析这些数据。例如，分布式数据库系统和云存储解决方案已变得日益重要，它们可以分散数据存储压力，并提供更快、更可靠的数据读写能力。

（二）速度（Velocity）

速度指的是数据生成、处理和分析的速率。在许多场景中，数据不仅量大，而且生成速度快，对实时性或近实时性的响应有很高的要求。例如，金融交易数据、社交媒体互动、在线购物行为、实时监控系统等，都需要在极短的时间内处理和分析大量数据，以便快速做出决策或发现重要信息。

这种对快速数据处理和即时分析的需求促使了新一代大数据处理技术的发展。比如，流处理技术能够在数据生成的同时进行处理和分析，减少了数据存储和查询的延迟。此外，边缘计算也是应对数据高速生成的一种策略，它允许数据在生成源附近的设备上进行初步处理，从而减少数据传输时间并快速响应。

（三）多样性（Variety）

多样性是指大数据在类型和来源上的多样性。数据可以以多种格式存在，如文本、图片、视频、音频、日志文件、交易记录等，既包括结构化数据，也包括半结构化或非结构化数据。这些数据可能来自不同的平台和应用，也可能有着不同的语义和含义。

这种多样性给数据的存储、管理和分析带来了巨大挑战。传统的关系型数据库主要处理结构化数据，对非结构化数据的支持有限。因此，需要新的数据整合技术和平台来捕捉、存储并分析不同类型的数据。此外，数据的多样性也要求数据分析师和科学家具备跨领域的知识，能够理解数据的背景和含义，从而准确解读数据。

（四）真实性（Veracity）

真实性涉及数据的质量和可靠性。由于数据的来源极其多样，数据的准确性、一致性和完整性往往会受到影响。不准确或误导性的数据可能导致错误的分析结果和决策。

因此，确保数据真实性的方法和系统至关重要。这可能包括数据清洗、数据验证、异常检测、数据来源的认证等措施。通过这些技术，可以去除无效和低质量的数据，提高整体数据的可信度。在大数据环境中，数据治理也成为一个重要议题，涉及数据的安全、隐私、合规性和质量管理。

（五）价值（Value）

价值是大数据的最终目标，也是所有大数据活动的核心驱动力。数据本身并不自带价值，其价值体现在如何利用数据来支持决策、创新、客户体验改善等。只有当数据被转化为可行的洞察、知识或解决方案时，它才具有实际价值。

实现这一点要求深入的数据分析、数据挖掘、预测分析和其他高级数据处理技术。它们可以帮助组织发现隐藏在大数据中的模式、趋势和联系，生成有价值的洞见。然而，从海量的数据中提取有价值的信息是一项挑战，需要专业的分析工具、高级分析技能，以及对业务或研究领域的深刻理解。

二、大数据的重要性

大数据在现代社会的多个领域内扮演着越来越重要的角色，它不仅仅改变了数据管理的方式，更重要的是为各行各业的决策制定、运营优化、新产品开发，以及前沿科学研究等领域带来了深远的影响。大数据的价值体现在其对社会经济发展和科学技术进步的巨大推动力。以下几个方面可以详细阐述大数据的重要价值。

（一）促进智能决策与战略规划

在商业领域，企业通过收集和分析客户数据、市场动态、竞争对手信息等大量数据，能够更加精确地理解市场趋势和消费者需求。高级数据分析技术，如预测分析、用户行为分析和情感分析等，使企业能够基于实证数据进行决策，大大减少了基于直觉或有限信息的不确定性和风险。

例如，在供应链管理中，通过实时追踪物流数据、库存水平、需求波动等信息，企业可以更快速地做出调整，优化库存，减少成本，提高客户满意度。在营销策略的制定上，个性化的消费者画像和精准的目标市场分析帮助企业有效地定位广告，提升营销的投资回报率。

同时，在战略规划方面，企业能够通过对内部数据（如财务报告、业务流程数据）和外部数据（如行业报告、宏观经济指标）的深入分析，识别出未来的增长点和潜在风险，从而制定出更具前瞻性和可持续性的发展战略。

（二）创新科学研究与发展

大数据对科学研究和技术发展具有重要的推动作用。在生物医药、基因组学、气候变化、天文学等领域，研究人员需要处理和分析海量复杂的数据。通过大数据技术，科学家能够在短时间内分析大量的数据集，加速新药物的发现、疾病机理的解析、环境变化的监测等。

例如，在基因组学研究中，通过分析成千上万的基因序列数据，研究人员不仅能够发现疾病相关的基因变异，还可以揭示复杂的遗传网络和调控机制。在环境科学中，通过收集全球的气象数据、卫星遥感数据，科学家可以更精确地预测气候变化和极端天气事件，为环保政策制定和灾害预防提供支持。

此外，大数据还促进了跨学科的研究合作。通过共享和整合不同领域的数据资源，研究人员可以探索更广泛的问题，发现不同领域间的潜在联系，推动创新的跨学科研究项目。

（三）优化公共服务与社会治理

大数据在提升公共服务和社会治理方面具有重要价值。政府机构通过分析人口统计数据、交通流量数据、公共健康数据等，可以更有效地规划城市基础设施、改善公共交通系统、优化医疗资源分配等。

例如，在城市规划中，通过分析人口分布、交通状况和房地产数据，政府可以确定新的发展区域，合理规划住房、交通和绿地，以提升城市居民的生活质量。在公共健康领域，通过对传染病流行数据、医疗保健利用率等数据的分析，政府可以及时响应健康危机，有效分配医疗资源，制定基于证据的健康政策。

大数据还被用于社会安全和治理。通过集成和分析各种社会经济指标、犯罪记录、网络舆情等数据，政府可以预测和预防犯罪活动，维护社会秩序，同时对社会问题进行深入分析，制定更有针对性的干预措施。

综上所述，大数据通过为决策制定提供数据支持、推动科学研究的创新、提升公共服务的效率和质量等多个维度，展现出其深远的社会经济价值。在未来，随着技术的日益进步和数据应用的不断拓展，大数据将继续在促进社会发展和提升人类福祉方面发挥重要作用。

第四节　5G 通信网络推动下的大数据

一、5G 通信网络发展概况

5G 通信网络所涵盖的数据信息具有种类多、数量大的特点，对大数据产业中的数据收集、传输、存储等环节，都有积极的促进作用。为了保障 5G 通信技术能够更好地促进大数据技术的运用，需要优化传输系统。

大数据与 5G 在技术上具有高度的互补性。5G 的普及能够极大提升大数据技术的场景化应用。相对于 4G 信号，5G 技术具有传输速率高、覆盖范围广的优势。5G 普及以后，每一个移动设备都将成为互联网世界的重要联结点，网络结构将发生翻天覆地的变化，而区块链技术的加入使数据传输、存储、共享、处理变得空前高效，大数据由此拥有了广阔的发展舞台。

网络数据中心是大数据网络架构中的重点部分。网络数据中心可以完成各个类型信息的输入和输出，确保信息能够得到有效传递。通信系统主要由核心网、宏基站（MBS）和微基站（SBS）三部分组成。目前，还需要相关的大数据技术人员加大数据网络架构的设计研究力度，进一步提升大数据网络架构设计水平和能力，只有保证大数据网络架构具有一定的扩展性，才能使大数据网络架构自身的价值充分发挥。

由于 5G 通信技术相比其他技术的优点更多，所以在构建 5G 通信网络架构时需要充分应用大数据技术，进而把 5G 通信网络环境的安全性、高效性以及稳定性等特点展示出来。同时，5G 通信网络架构与大数据技术之间还可以相互促进、相互融合，提升社会的发展效益。

二、5G 通信网络对大数据的影响

第一，5G 与大数据技术的融合发展，能够极大地提升智能化时代的生活体验。一则，5G 技术与大数据技术的联动，能够极大地简化通信架构的运行模式，让互联网数据访问速度得到大幅度提升；二则，服务器能够通过大数据技术准确抓取用户真正需要的全部内容，然后通过 5G 将内容全部反馈给用户，极大地提升了互联网访问体验，颠覆了互联网的应用场景。

第二，5G 通信网络可以提升大数据的数据收集分析能力。5G 通信网络布局的科学性、合理性能够在整个数据分析过程中，根据 GPS 技术三维射线追踪数据，获取到天线数据和网络数据，最终准确定位到客户位置。例如，用户移动性数据分析，用户的移动频率表明用户移动的强度，是用户在单位时间内位置发生改变的次数。通过用户 ID 筛选用户所有的通信记录，进行相应的日期和时间排序，获悉用户的移动轨迹。在云无线接入网之中，还可利用动态图计算 BBU 和 RRH 之间的一对多动态映射关系，分析 RRH 的聚类问题，并选取整体性能最优的鲁汶算法进行计算。

第三，5G 通信网络可以提升大数据的数据挖掘能力。大数据主要是深层次挖掘和分析 5G 通信网络中的数据。5G 通信网络构架的完善，能够帮助大数据产业更好地进行数据挖掘和分析，找到数据特征。这些特征可以当作完善大数据产业发展的重要依据。

第四，5G 通信网络可以提升大数据的存储能力。大数据存储技术只有在完成数据分析后，才能对各类数据进行存储。5G 通信网络的运用，能够帮助技术人员对基站信息、干扰信息和义务流数据等复杂的数据进行分析和分类存储。5G 通信网络能够把多种不同的云数据接入大数据的运用中，大幅度提升云数据的感知力，并在 5G 通信网络支撑下，对大数据技术进行深层次分析，如基础数据、用户数据以及边缘化数据，等等，从而进一步优化和完善大数据存储的运行坏境。

第五节 教育大数据的内涵

一、教育大数据的概念界定

当前，学术领域对于"教育大数据"的确切定义仍存在较大的分歧。这一概念最初源于信息技术行业，用以描述那些庞大到无法在可接受的时间内被人工分析和解读的数据集。教育大数据，作为大数据应用的一个分支，特指在教育领域中产生并可被用于教育研究和应用的大量数据。

具体而言，教育大数据是由各种教育活动产生的复杂数据集合，这些数据具有助力教育实践、研究和政策制定的潜力。它不单纯是大数据技术应用于教育的实例，而是教育需求推动大数据技术发展并由此催生的一个专门领域。在广义上，教育大数据包括所有教育相关活动中产生的数据，以及根据教育需求而采集的所有类型的数据；而在狭义上，它更聚焦于直接反映学习者行为的数据。

"教育大数据"的概念应突出以下三个核心要点：首先，它专注于教育领域的数据，反映了教育活动的各个方面；其次，它覆盖了教育的全过程，从教学设计到学习评估，再到后续的职业发展；最后，教育大数据运用分布式计算架构，通过先进的数据共享技术，实现教育资源的共建与共享。

教育大数据的主要来源可分为四类：一是直接源自教学活动的数据，如出勤率、课堂参与度、作业提交状态和考试成绩等；二是源自教育管理的数据，包括师生评价、学生心理健康状况、家庭背景，以及各类比赛的获奖信息等；三是来自教育科研活动的数据，涵盖教师论文发表、研究项目、专利申请、专著发布及科研经费等；四是校园生活数据，如食堂消费、图书借阅、网络使用情况等。这些数据的综合分析和应用，对教育质量的提升、教育公平的实现以及教育决策的科学性都具有重要意义。

二、教育大数据的价值

在快速演进的数据时代背景下，由于非线性的大数据增长趋势，教育系统正经历着前所未有的变革。国务院在2015年发布的《促进大数据发展行动纲要》中，将数据定位为国家的基础战略资源，并特别强调教育大数据的建设重要性。紧接着，2018 年 4 月，教育部发布的《教育信息化 2.0 行动计划》中，提出了教育信息资源向大数据资源的转型，以及从提高师生的信息技术应用能力到全面增强信息素养的战略性转变，强调了基于互联网的教育服务新模式和教育治理新方法的探索。

当前，教育大数据的价值已经被提升至国家战略高度，它在教育领域的深远影响逐渐显现。具体而言，教育大数据在以下几个方面展现出其不可或缺的价值。

第一，促进教学模式的创新。教育大数据通过精确分析学生的学习状况、兴趣和需求，有力地推动了翻转课堂、MOOC（大规模开放在线课程）、SPOC（小型私人在线课程）等创新教学模式的实施。它不仅可以实时、准确地捕捉和反映学生的学习进展，还可以全面评估教师的教学效果，辅助教师在教学策略和方法上进行必要的调整和优化。

第二，实现教育管理的科学化。面对当前教育管理信息化程度不足和管理模式传统化的现状，教育大数据具有重要作用。它能够快速整合和处理各教育机构在办学条件、教育经费、人员配置等方面的大量数据，将之转化为具有决策价值的信息。教育大数据的采集、挖掘、分析及可视化处理，为教育管理者提供了基于数据的科学决策依据，极大地提升了教育管理的精确性和效率。

第三，重构教育评估体系。当前，教育评估体系正经历着从"单一评价"向"综合评价"的转变，以及从"经验主义"向"数据主义"的明显倾斜。大数据技术的发展使得教育者能够收集和分析学习过程中产生的宏观和微观数据，包括学习时间、环境、互动情况、使用的技术设备以及学习成果等。此外，教育大数据还促进了电子学习档案的创建，这些档案记录了学生每个学期、每门课程，甚至每个学习活动的具体表现，实现了对学生学习过程的持续性跟踪和评估。

通过这种方式，教育评估正变得更加全面、实时和精确，评估结果更能反映学生的综合能力和发展需要，从而指导教育资源的合理配置和教学方法的灵活调整。

第四，实现个性化学习路径。教育大数据还是实现个性化学习不可或缺的工具。通过数据挖掘和学习分析技术，教育者能够深入理解学习者的特性和需求，为教学实践和学习路径设计提供新的思路。大数据技术允许对学生的在线学习过程进行细致记录，包括对学习资源的具体使用情况、互动频率和学习成果等。

这些详尽的数据不仅可以帮助评估学习资源的有效性，还能让学生更好地了解自己的学习进展，促进适应性学习和自我导向学习的发展。更进一步，教育大数据可以根据学生的实际表现和学习需求，提供个性化的学习资源、活动、路径和工具，激发学生的学习兴趣，增强学习的针对性和有效性。

通过数据挖掘和学习分析，教育者不仅可以构建更符合学生实际情况的评价和预测模型，还可以提供针对性的学习建议，从而显著提高学习过程的质量和效果。总之，教育大数据正推动着教育评估体系的革新和个性化学习的广泛实施，为教育公平和优质教育的实现贡献重要力量。

三、教育大数据的特征及分类

（一）教育大数据的特征

教育大数据首先表现为其庞大的数据量和丰富的数据类型，这包括结构化的数值信息以及非结构化的文本、图像、音频和视频数据等。这些数据源的多样性超越了传统教育环境中基于纸质的测验和书面作业的限制。

与传统的数据收集方法相比，教育大数据采集过程更加自动化，能实时或接近实时地捕捉信息，提供对学习过程的即时反馈。这种方法利用云计算、物联网、传感器技术等，无须人为干预，即可持续收集、更新，并存储教育活动中产生的微观数据。教育大数据分析能够揭示复杂的模式、趋势和关联，这些分析不仅局限于描述性统计，还包括预测分析和深度学习算法，能够处理非结构化数据，揭示学习者行为和成果背后的隐性联系。

传统教育数据关注的是从宏观角度分析学习者的总体表现和教育体系的效果，而教育大数据则倾向于关注学习者的个体差异和学习过程，实现从群体到个体的精准教学和评估。相较于传统教育数据通常依赖的定期标准化测试，教育大数据通过持续的、实时的方式，能捕捉到教师和学生在教育活动中的互动细节，如在线讨论的参与度、资源的使用频率和学习成果的微观变化。

传统的数据处理更侧重于汇总统计和基本的描述性分析，而教育大数据应用了更先进的数据挖掘、机器学习以及人工智能技术，不仅仅是描绘现状，更能预测未来趋势，并从中发现潜在的教学策略和学习路径。

教育大数据的利用超越了评估学习成果的传统边界，扩展到了个性化学习资源的推荐、学习行为的研究、教育政策的制定和教育效果的全面评价等多个层面。

在多个领域探索和应用大数据的背景下，教育领域的大数据呈现出特殊性和复杂性，这主要体现在数据的采集、分析及应用过程中。

教育活动，作为人类智慧与社会实践的综合体现，其内在逻辑和外在表现均具有多样性和不确定性。这导致与之相关的数据采集需要考虑教学内容、方法、互动等多个方面，使得数据采集过程充满挑战，高度依赖情境，并且缺乏标准化流程。

教育大数据分析不仅要描述事件的发生，更需要深入因果层面，解析各种教育因素与学习效果之间的内在联系。这种深度分析是理解教育现象、优化教育过程，并实现教育目标的关键，它要求研究者超越表面数据，洞悉教育问题的根本。

教育大数据的实际应用潜力巨大，它能够支持教育决策、个性化学习等多个方面。为充分发挥这些优势，需要跳出传统教育模式的局限，创造性地整合和利用数据资源，提供富有洞见的教育解决方案。

（二）教育大数据的分类

教育大数据的分类可以从多个维度进行，这有助于更好地理解、管理和使用这些数据。

根据数据结构化程度，可以将教育大数据分为结构化数据（如数据库中的标准表格数据）、半结构化数据（如 XML 文件）和非结构化数据（如文本、图片、视频等）。这种分类有助于确定适当的数据管理和分析策略。

根据数据所属业务领域，可以将教育大数据进一步细分为教学数据、管理数据、科研数据和服务数据。不同类型的数据反映了教育系统的不同方面，需要不同的处理和应用策略。

根据数据产生环节，数据还可以根据其在教育活动中的产生阶段分为过程性数据和结果性数据。过程性数据（如学生参与度、互动频率等）反映了教学活动的动态过程，而结果性数据（如考试成绩、评估报告等）则记录了教学活动的最终输出。两者相结合，可以全面评估教育活动的效果。

教育数据的分层结构及其各自的特点和功能在教育信息化建设和教育质量提升中起着至关重要的作用。具体来说，教育数据结构可以从内到外划分为基础层、状态层、资源层和行为层，每一层都对应着不同类型的数据收集、生成方法和应用场景。

基础层聚焦于教育系统的根基，包括教育统计信息、行政管理信息、学校基本情况等，这些都属于国家教育的基础数据。数据的采集主要依赖于人工录入和数据交换系统。这些数据的重要性在于：它们为政策制定者提供了宏观的教育现状视角，帮助他们科学地制定教育政策，合理配置资源，从而不断完善教育体系结构和教育质量。

状态层主要涉及与教育环境和设施相关的数据，如设备的能耗和故障率、校园的空气质量、教室的照明条件等。这些数据大多通过人工监测或传感器自动获取，用于实时监控教育场所的物理环境和教育设备状态，确保教育活动在一个安全、舒适的环境中进行，同时实现教育资源的智能管理和优化。

资源层包含在教育过程中生成和使用的各种教学资源，包括但不限于教学视频、课件、互动讨论记录、作业、测试内容、教学软件等。这些数据通过教学活动的持续构建和动态生成，为教育者和学习者提供了丰富的资源，支持了传统课堂教学、移动学习、协作学习以及教师专业发展等多种教育活动。

最外层是行为层，它记录了参与教育活动各方的行为数据，如教师的教学行为、学生的学习行为、辅导员的指导行为以及管理员的维护行为。这些数据通常通过系统日志和情境感知技术自动采集，对于理解教育参与者的行为模式、优化教学和学习策略、实现个性化教育以及预测教学效果等方面具有重要价值。

总而言之，每一层的教育数据都拥有其独特的采集方式和应用场景，它们在教育管理和服务中发挥着不可或缺的作用。从宏观的教育制度管理到微观的教学行为分析，层次化的教育数据结构为提升教育系统的效率和效果提供了有力支撑。因此，全面理解和有效利用这些数据资源，对教育机构和政策制定者来说，是实现教育现代化和信息化的关键步骤。

四、教育大数据的五层架构

教育大数据的层级架构反映了从微观到宏观的多维度信息整合。通过精确划分，我们能更深入地理解和分析各层级在教育体系中的作用和价值。以下是对教育大数据五层架构的详细解读。

（一）个体层

个体层的教育数据聚焦于教职工和学生的基本信息及其行为特征。这包括个体的背景信息（如教职工的职业发展、学术资历和专业经验；学生的人口统计学信息、学术表现和个人兴趣等）和个体行为数据（如学习和教学活动、参与度、反馈和评估等）。此外，这一层还涵盖了学生的心理和生理健康状况，提供了一个全面的、多维度的个体画像，有助于实现精准教育和个性化学习路径设计。

（二）课程层

课程层数据集中于教学内容和方法，包括课程规划、教学团队构成、学生参与度、多媒体教学资源、实践活动、学生作业、互动评价以及课程反馈等。这些数据不仅记录了课程的静态信息，还捕捉了动态的教学过程，从而能够全面评估课程的有效性和教学策略的成效，对教学质量进行深入分析和持续改进。

（三）学校层

学校层数据涵盖了学校运营的各个方面，包括但不限于教务管理、学生事务、教学评估、科研项目、财务状况、基础设施、行政服务、校园安全、生活服务、技术支持等。这些综合数据为学校管理者提供了宏观视角，帮助他们监控教育质量，优化资源配置，提高行政效率，以及确保学校社区的整体福祉。

（四）区域层

区域层数据反映了特定地理区域内的教育情况，如地方教育行政机构的政策、规划、监督情况，以及区域内的教育资源、项目、活动和成果。这些数据来源于区域内各学校和教育机构，有助于地方教育部门监测教育发展趋势，评估政策效果，促进区域教育均衡发展，以及引导教育资源的合理流动。

（五）国家层

国家层数据是对来自各区域教育数据的汇编和整合，它们提供了国家级别的教育概览，如全国教育发展的统计数据、标准、趋势和预测。这些数据对政府部门制定教育政策、规划教育发展战略、监控和评估全国教育系统的表现以及确保教育公平和质量至关重要。

综上，教育大数据的这种层级结构不仅有助于各利益相关者从不同角度和尺度理解和管理教育活动，还促进了跨层级的数据整合和深入分析，从而为提升教育质量和效果、实现教育目标提供了关键信息支持。在这个基础上，利用先进的数据分析技术和人工智能，可以进一步挖掘教育数据的潜在价值，为教育实践和创新提供强有力的数据支撑。

第六节　教育大数据的应用与面临的挑战

一、教育大数据的应用

教育大数据在现代教育体系中扮演着越发重要的角色，作为引领教育创新与改革的驱动力，它影响着教育体系的各个方面，包括教学方法、学生学习、行政管理、学术研究以及评估过程。通过系统性和高级的数据分析，教育大数据不仅优化了教学和学习体验，也促进了管理策略和政策的制定，更深层次地推动了个性化学习和综合评价的发展。

第一，教育大数据在科学化教育管理中的应用。在传统的教育管理决策过程中，决策者往往依赖于主观判断、直观感受或是经验性推断，这种依赖导致的结果往往是低效、非精确且质量参差不齐的决策。然而，教育大数据的介入标志着管理方法从依赖直觉和经验的非系统性决策转变为基于实证的、数据驱动的决策制定。

通过教育大数据技术，能够整合、处理和分析来自不同教育实体的庞大数据集，这不仅使得数据管理更加高效，而且使数据分析和解读更加深入和精确。这种转变意味着教育管理者可以深入挖掘隐藏在数据背后的洞见，识别和解决教育过程中的关键问题，优化教育资源的配置，并制定更有针对性的策略。

教育大数据的应用范围广泛，从策略制定的科学化、学校设备和基础设施的智能管理，到学习环境的优化调控、风险和危机的预防性管理，以及提升校园整体安全性等方面，均展现出大数据在教育管理中的重要性。这种科学化的管理方法利用数据分析来指导决策，强调以证据为基础的实践，确保教育体系的透明度、问责性以及持续改进。

总体而言，教育大数据正在重塑教育领域的决策制定和管理模式，推动从直觉驱动向数据驱动的转变，这不仅提高了教育管理的准确性和效率，也为教育质量的持续提升和教育公平的实现提供了强有力的支持。在这一过程中，数据的科学分析和合理应用成为实现教育目标和促进教育创新的关键因素。

第二，教育大数据在智能化教学模式中的应用。教育大数据的运用正在革新传统教育模式，引领智能化教学的兴起和发展。这种转变源于对大量教学和学习数据的分析，让教育者能够洞察每个学习者的独特性，包括他们的认知障碍、知识缺口及兴趣点。

在智能化教学环境中，教育大数据为教育者提供了前所未有的机会，使其能够准确捕捉到每个学生的学习轨迹，识别他们的学习需求，从而实现教学目标和方案的动态调整。这种个性化的教学方法促进了更加人性化和有效率的学习体验，教师可以根据学生的学习进度、反馈和表现，微调教学策略，实现教学效果的最优化。大数据技术的另一重要功能是评估教育实践的有效性。

通过收集和分析教师的教学活动数据，利用高级分析技术如关联规则挖掘，教育大数据可以揭示哪些教学方法和策略最为有效、哪些需要改进。这种持续的自我评估和自我完善过程不仅加速了教师专业能力的提升，也促进了他们的职业成长。教育大数据的综合应用促使从传统的基于经验的教学方法向基于证据的教学方法的转变。

在这个过程中，数据分析成为教学决策的核心，教师和学生的互动更加依赖于实时和精准的数据反馈。学生的学习路径也因此得以优化，他们能够基于数据对自己的学习过程进行更深入的认识、自我发展和规划。通过教育大数据，教学和学习过程实现了精确性和智能化，每个学习者的经历都被细致地记录和分析，以塑造最符合其需求和偏好的学习经历。这不仅增强了学习的有效性，也最大限度地提升了学生的学习投入和教学的整体质量。

第三，教育大数据在个性化学习中的应用。教育大数据技术通过集成数据挖掘和学习分析，对学习者行为进行微观审视，捕捉诸如资源使用模式、学习者互动、认知表现等关键指标。这些数据不仅限于量化的交互，如点击率和完成率，还涵盖了分析学习者的行为动机、兴趣和偏好。更重要的是，这些洞察推动了个性化学习路径的创建，通过定制个人学习报告、提供学习诊断和建议，以满足学生独特的学习需求和偏好，从而提升了教育的相关性和效果。

第四，教育大数据在综合化教育评价领域中的应用。在教育大数据的影响下，评估方法正在从一种依赖经验和针对宏观群体的单一方式转变为一种基于数据的、针对个体的综合方式。这种转变不仅在评价的哲学和技术上发生了根本性的改变，还通过收集和分析大量客观数据来构建评价，使之更加多元、公平，并且客观。此外，对教学和管理的评价也变得更加精确和多维度，提供了对教育质量更深层次的理解。

第五，教育大数据对深化科学研究的支持。在科研领域，教育大数据的运用标志着研究方法从依赖随机样本和探索因果关系向利用全面数据集和寻求相关性的转变。这种改变是由自动和持续的数据记录、采集驱动的，为研究人员提供了更为精准的、实时的研究数据，从而减少资源浪费，提高研究效率，并加速科研成果的实际应用。这一进程不仅优化了研究方法，也可能激发新的科学探索，引领学术研究走向更高层次的发展。

二、教育大数据面临的挑战

在当前的信息化社会背景下，教育大数据正逐渐在教育系统中发挥着越来越核心的作用。然而，与医疗保健、交通运输等其他行业相比，教育领域的复杂性和特殊性使得教育大数据在数据安全、数据应用、数据管理以及数据治理等方面面临着独特的挑战。

（一）教育大数据的安全问题

随着教育系统、设备和环境日益数字化，教育大数据不仅成为学校的关键资产，也引发了一系列安全隐患。这些风险主要体现在个人隐私保护的缺失上，若教育数据被未经授权的第三方获取，可能会对个人隐私造成无法逆转的损害。

以美国的教育大数据存储机构 inBloom 为例，此机构由多方共同创立，旨在通过深度分析学生数据来促进个性化教学。然而，inBloom 系统在收集和存储学生信息时涉及了大量敏感个人数据，包括但不限于学生的姓名、身份信息、学习表现，甚至还涉及学生的经济状况和个人生活详情等。

这种广泛而深入的数据收集引发了严重的隐私担忧。例如，某些标签的使用（如转学理由中的"怀孕"或"遭受暴力事件"等）被认为是对个人隐私的侵犯。虽然教育机构和教师可以通过授权应用程序访问这些信息，以更有效地追踪和辅导学生，但这一做法同样提高了数据泄露的风险。由于对隐私保护的强烈担忧和公众抗议，inBloom 在运营 15 个月后宣告关闭。

inBloom 的例子反映出教育大数据在隐私保护和数据安全方面的困境。教育机构必须在利用数据促进教学创新和确保学生隐私之间找到平衡。这不仅要求教育相关的各方面加强数据安全意识，更需要构建全面的数据治理机制，确保教育大数据的安全、合规和道德使用。

在公共数据逐步开放的国际趋势下，互联网大数据已深入学校日常生活的各个层面。教育不仅是公共福利的一部分，同时也是民生服务系统的组成部分，因此，教育大数据的管理既要促进数据资源的适度开放，也要确保数据的安全性和隐私性不受侵犯。这要求国家在政策和法规层面对教育数据的保护给予高度重视，强化教育大数据隐私保护的法治建设，确立信息隐私认证体系，并强化监管措施。

为了防止教育隐私数据的泄露和滥用，必须采取更高水平的保护措施。这包括从体制、机制和技术多个层面出发，建立涵盖数据生产、使用和管理的安全架构，并细化各部门的安全管理规范，以确保个人、机构乃至国家层面的教育数据安全。

同时，实时监控教育大数据的应用和安全状况是至关重要的。应制定和实施相关的法律法规，对侵犯用户隐私和危害数据安全的实体和个人进行法律制裁。此外，加快专为教育数据设计的存储系统的研发也显得尤为重要，这将为教育大数据提供高可靠性、高性能、易于管理和高灵活性的数据存储服务。

根据教育系统对保密工作的具体需求，应对教育数据进行分级保密，并根据不同的保密级别实施相应的保护措施，以确保各类教育信息的安全。通过这种多层次、多角度的策略，可以在保护隐私和促进教育创新之间实现平衡，确保教育大数据的健康发展。

（二）教育大数据的应用问题

大数据，作为互联网和信息技术发展的必然产物，对教育领域具有深远的影响和重要的作用。伴随着教育大数据的迅猛发展，人类的思维模式、认知结构以及学习方法都经历了显著的转变。目前，社会已逐步认识到大数据在推动区域教育均衡、科学化教育管理、教学模式革新、个性化学习路径探索、教育评估体系的重塑以及科研范式的转型等方面拥有巨大的应用潜力。

举例来说，我国目前已经开始利用教育大数据在多个方面进行探索，如学校资源的智能化管理、大学录取难度的预测、对经济困难学生的预警机制建立，以及大学生就业难度的评估等。然而，总体而言，我国在教育大数据的应用上还处于初级阶段和探索期。

为了加快教育大数据的应用进程，我国在策略上应当考虑吸收和借鉴国际上在教育数据应用方面的成功经验。这包括尽快制定"教育大数据发展策略及应用指导"，从法规和战略层面上加强教育大数据的应用推广；提取并总结具有普遍意义的教育大数据应用模式和成功案例，通过培养和推广一系列在教育大数据应用上的先进经验和典型案例，用生动的"教育大数据应用故事"加强宣传和教育工作，从而正面引导全国教育行政机构和各级学校合理、高效地利用教育大数据。

此外，国家应组织包括计算机科学、统计学、管理学、教育学、心理学在内的多学科精英团队，成立专门的教育大数据研究机构。这样的机构不仅能解决教育大数据应用推广过程中遇到的实际问题，还能开展前沿的科研工作，预见性地研究可能出现的新问题和挑战，为教育大数据的健康发展和广泛应用提供科学指导和理论支持。通过这些综合措施，可以最大限度地挖掘教育大数据的潜能，促进教育事业的全面升级和社会的均衡发展。

（三）教育大数据的运营问题

教育作为社会发展的根基和青年才俊的孵化器，具有不可替代的基础性和战略性地位。在当前的社会背景下，教育领域经历了深刻而广泛的变革。教育数据作为一种重要的无形资产，不仅是国家的战略资源，也是公民共同的财富。其使用权和所有权应属于全体公民，并应在保障数据安全和隐私的前提下，适度地向社会开放。

适度且合理地开放教育数据，可以提升社会各界对于教育大数据重要性的认识，推动学校、研究机构以及其他教育利益相关者更加充分地应用教育大数据。此外，这一做法还能激励企业和个体探索教育大数据的潜在价值，进而推动教育领域的创新和发展。然而，教育数据的安全性和敏感性不容忽视，需要在开放过程中充分考量和权衡。

为此，教育大数据的开放策略需要经过深入的探讨和论证，明确数据开放的对象、范围和程度，确保在开放过程中保障数据的合法性、安全性和隐私保护。在此基础上，应针对不同性质的使用主体——官方机构和非官方机构，制定差异化的数据使用权限和管理措施。

对于官方机构而言，政府部门应制定明确的教育数据运营商准入标准，并参照通信等其他行业的运营商牌照制度，为符合条件的官方机构颁发相应的运营牌照，以规范其数据使用行为。同时，对于非官方机构，在其需求使用教育数据时，必须确保其满足国家和行业的相关规定，并经过官方审核获得相应的使用许可，方可授权其使用教育大数据。

通过上述措施，不仅可以保护教育数据资源的安全性和完整性，还能合理利用这些宝贵的数据资源，推动教育领域的持续健康发展。此外，这也有助于构建一个透明、公平且高效的教育数据管理生态系统，为未来教育的创新与进步提供坚实的数据支撑。

（四）教育大数据的治理问题

在信息化时代的浪潮中，教育领域产生了大量且多样化的数据，这些教育大数据拥有潜在的巨大效用。能否充分挖掘这些数据的价值，关键在于如何加强对教育大数据的系统治理。合理的教育数据治理不仅促进数据的有效应用，还关乎数据隐私的安全保护、数据共享的合法性，以及教育数据质量的整体提升。

在这一背景下，全国各级教育行政机构、教育机构、学校及教育管理者等应深化对"数据治理"理念的理解，内化"数据治理"的核心精神。在国家层面，迫切需要制定和实施一套全面的教育大数据治理法律法规。这包括明确的数据治理机制、数据管理流程，以及数据质量的评估和保障措施，确保从数据的采集、挖掘、整理、可视化、分析、存档到每一个环节都符合规范。

此外，为了实现教育大数据治理的高效运作，需要出台一系列具体的数据管理措施。这包括构建基础数据交换平台、统一的服务门户和身份认证系统，以及教育大数据决策支持平台。这些措施旨在规范教育数据库、教育资源平台、教育服务平台等的数据采集与集成共享过程，消除信息孤岛，实现数据流通和生态构建。

在此过程中，行政部门、学校、教育研究机构、企业，以及个人等不同主体的创新能力和创造力将得到充分发挥。国家应引导和鼓励各社会力量积极参与教育大数据的治理、创新和应用，以形成一个多元化、互动性强的数据治理生态系统。通过这种方式，不仅可以提高教育大数据的管理效率和使用价值，还能为教育领域的长远发展提供坚实的数据支撑和智力保障。

第二章 大数据时代下的教育变革

第一节 大数据引领信息化新时代

信息技术的进步和转型在推动大数据产生和演进的同时，为大数据思维的形成和扩展奠定了坚实的物质基础。在如今这个信息化社会里，传感器技术与社交网络成为数据生成的主要驱动力，而云计算与数据中心的建设提供了必要的存储空间。此外，传统互联网与移动互联网的快速发展保证了数据的实时传输，而人工智能和机器学习技术的应用则大幅度提高了数据处理的效率和速度。

大数据技术的崛起不仅对社会的信息收集和处理能力提出了新的挑战，而且海量数据的潜在价值也在反过来促进信息技术的发展，尤其是人工智能等前沿科技的快速进步。可以说，大数据和信息技术是相辅相成的，共同构成了一股正在改变世界的强大潮流。

一、设备与信息"爆炸式"增长

当前，各行各业正面临一个信息爆炸的时代，数据量正在以指数级的速度增长。据统计，现阶段每两天产生的数据量大致相当于 2003 年以前全人类历史上产生的数据总和。特别是传感器技术及其驱动的物联网的迅猛扩张，成为推动大数据革命的重要力量。这些传感器不仅广泛应用于各类机械设备中，还通过各种监控手段和智能设备深入社会生活的各个角落。

与此同时，互联网特别是移动互联网的普及使得个人数据的产出呈现出爆炸式的增长，其中包括社交媒体内容、定位信息、消费记录等各类数据。据研究机构 We Are Social 发布的报告，全球社交媒体的活跃用户已占总人口的 29%，平均每天人们会花费 2.5 小时在各类社交网络和应用上。每天，仅通过智能手机上传到云端的个人数据就不计其数，包括每天上传的超过 3 亿张照片。据粗略估计，一个普通家庭一年产生的数据量可能相当于半个中国国家图书馆的藏书总量。

如此庞大和复杂的数据集合，为大数据技术的发展提供了肥沃的土壤。因此，如何从这些数据中提炼出有价值的信息，变成了大数据领域所要面对的重要任务和挑战。在这一进程中，大数据不仅是技术的挑战，更是对社会各界包括科研、商业、教育和政府部门在内的广泛领域提出了新的需求和期待，预示着一个全新的信息化时代的来临。

二、存储的云端革命

在互联网的多元化操作环境中，无法预知的挑战，如自然灾害、人为破坏、硬件故障或操作错误，常导致数据的不可预期损失。例如，在"9·11"事件中，位于世贸大厦的超过800个公司和机构遭受了数据的巨大损失，其中包括金融巨擘摩根士丹利（Morgan Stanley）。然而，令人震惊的是，该公司能在灾难发生后的第二天继续运作，这得益于其在美国新泽西州蒂内克市设立的远程数据备份系统，该系统成功地保护了关键数据。此事件凸显了数据备份和远程灾难恢复系统在危机管理中的核心作用，它不仅拯救了摩根士丹利，也在很大程度上稳定了全球金融市场的信心。

因此，根据数据本身的敏感性和重要性，及时的数据备份是至关重要的，它能确保在紧急情况下迅速恢复数据。然而，随着大数据时代的到来，数据规模常常以PB（PetaByte）为单位递增，其中大量为非结构化数据，这对存储基础设施提出了巨大挑战。存储如此海量的数据不仅需要巨大的硬件设备投入，还需要存储系统具有极高的扩展性。同时，大数据处理对实时性的高要求，也迫使存储系统必须具备高性能和高吞吐率的特点。传统的基于关系型数据库的存储方法因其读写速度慢、处理效率低下以及扩展性不足而变得捉襟见肘。更为重要的是，面对数据量的无限制增长，企业不得不持续投资于存储设备，这无疑极大地增加了成本负担。

因应这些挑战，云存储技术应运而生，它作为一种基于云计算的延伸技术，在数据存储领域开辟了新的篇章。云存储通过集成集群技术、网络技术和分布式文件系统，将各种类型的存储资源联合起来，形成一个协同工作的综合体，为用户提供数据存储和访问服务。不同于传统存储方法，云存储是一个涵盖网络设备、存储硬件、服务器、软件应用、接入网络、用户界面及客户端应用等多个组成部分的复杂系统。这个以存储设备为核心的系统，通过顶层的软件应用向用户开放，提供数据存储和各种在线服务。利用虚拟化技术，云存储实现了对存储空间的优化使用，避免了资源的浪费，并通过自动数据重新分配机制，极大提升了存储空间的使用效率。

云端存储技术的出现，有效降低了数据存储成本，为大数据技术的广泛应用提供了可能性。同时，大数据对存储和处理能力的需求又反过来推动了云存储和云计算技术的持续发展，使它们成为构成大数据技术基础的关键要素。此外，云存储的灵活性和可扩展性也使得不同来源、具有不同结构的数据得以安全、有效地存储和管理，从而保证了信息的连续性和业务的稳定运行。

三、网络的高速泛在

对于传统互联网、物联网和移动互联网来说，"网络互联性"不仅是基础功能，更是增值的核心。在这个信息化快速发展的时代，即便是孤立节点不断产生数据，这些数据若不能实时融入更广阔的数据海洋中，其价值也将在生成的瞬间迅速蒸发，仅留下片段的、孤立的历史痕迹。

网络的"互联"特性赋予了每个节点一种独特的力量：一旦加入网络，各节点便会在这个互联网织成的庞大网络中相互影响、相互作用，创造出"整体大于部分之和"的增值效应。以社交网络为例，一个简单的在线状态更新能激发广泛互动，如点赞、评论，甚至能引发社会现象，这种互动不仅生成了更多的联结数据，而且丰富了大数据的内容，使其成为信息时代不可或缺的资产。

现阶段，互联网已经超越了单一的连接功能，它连接着数以亿计的人类和设备。得益于基础设施的飞速进步，网络带宽得以大幅提升，数据流动速度日益加快。据统计，截至 2014 年底，全球互联网活跃用户已超过 30 亿，整个互联网的传输速度达到了惊人的 167 Tbps，同时带宽以超过 30% 的速度迅猛增长。进入 2015 年，物联网的应用更是广泛渗透到智能交通、环境保护、政府事务、公共安全以及日常生活等众多领域，设备总量达到了 132 亿。通过 RFID、视频监控、M2M 通信和传感器等技术，各种数据被传输到物联网平台，为不同行业提供了海量的实时数据资源。

这种广泛的网络连接不仅引发了信息量的"爆炸式"增长，而且提供了一种传统数据记录方式所无法比拟的实时性优势。正是这种无缝、高速的数据流动，满足了大数据技术对即时反馈的迫切需求，从而为现代社会的各个方面带来了前所未有的变革和价值。在这个由数据驱动的新纪元，高速泛在的网络成了支撑大数据技术发展的关键基石，它改变了信息的采集、分析和利用方式，为未来的创新和发展打开了新的大门。

四、计算能力的快速增长

1946 年，标志着通用计算机时代的曙光，电子数值积分计算机（ENIAC）的诞生，揭开了计算历史的新篇章。这台占地 170 平方米、重达 30 吨的机器，尽管耗电 150 千瓦，造价高达 48 万美元，却只能执行每秒 5000 次的基础加法运算。自那个时刻起，摩尔定律开始主宰着计算能力的蜕变，见证了中央处理单元（CPU）性能的万倍提升，同时内存和硬盘成本分别下降了 4.5 万倍和 360 万倍。

以中国的天河二号为例，这台超级计算机在国际超级计算领域具有里程碑意义。根据 Linpack 基准测试，天河二号在第 43 次全球超级计算机排名评测中，计算速度高达 33.86 PetaFLOPS（每秒浮点运算数为 1 千万亿次），荣膺世界第一，其每小时的计算量相当于 13 亿人连续使用计算器计算 700 年所能完成的量。这一跃升不仅标志着计算能力的巨幅提升，更预示着计算成本的"民主化"，即以更低的价格获得前所未有的计算资源和能力。

在此背景下，大数据的兴起应运而生。如果说信息的"爆炸式"增长使得大数据如涌泉般涌现，云存储的普及使其汇聚成海，高速网络的泛在则为其充电蓄能，那么计算能力成本的降低无疑是激发大数据深度渗透各行各业、培育各领域发展的重要推手。

随着物联网、互联网以及云计算技术的飞速发展，大数据技术应时而生，日趋成熟。在这一框架下，物联网可被视为感知和响应环境的神经末梢，云计算则是强大的数据处理和存储中枢，而大数据便是汇集、分析和生成智能洞察的层面，构成了整个数字时代信息生态的大脑。物联网、传统互联网和移动互联网不断向大数据输送信息，同时也依赖大数据的分析模型和优化决策，以实现技术的自我迭代和升级。

大数据技术作为信息社会的巅峰产物，为信息资源的优化配置和深度利用提供了强大动力，推动信息技术向更高维度发展，同时也改善社会生活水平。我们正处于一个由大数据引领的时代转型中，它正在深刻改变人类的生活模式和世界观，预示着新的机遇和挑战将引领社会及科技向更宏伟的未来迈进。

第二节　大数据对教育的促进作用

在前文中，已经简要围绕教育大数据进行介绍，那么，更深入而言，在大数据时代，教育面临着什么样的新形势和新挑战？大数据在教育中究竟发挥着怎样的作用？可将其概括为：从理念思维、行业发展、融合创新"三个层面"影响教育发展，实现教育的整合、降噪、倍增和破除"四种效应"，破解教育资源不均衡、方式单调化、信息隐形化、决策粗放化、择校感性化、就业盲目化"六大难题"，通过构建"大平台"系统、完善"大服务"体系，实现"大教育"愿景，打造自循环和可持续发展的智慧教育生态体系。

大数据对教育的促进作用体现在理念思维、行业发展、融合创新三个层面。一是在理念和思维层面上。大数据作为一种新的理念，其开放、共享、协同等核心价值对教育领域将带来前所未有的冲击与影响；作为一种新的思维，引导教育从演绎转向归纳，从"经验思维"转向"依靠数据说话"的智慧教学、智慧评价等。二是行业发展层面。大数据作为推动教育领域和行业创新发展的一种新动力，可以回答以前被认为是无法回答的问题，用来解决以前被认为解决不了的问题，用来实现以前被认为不能实现的事情，可以破解教育难题，大数据还可以创造新的领域、新的产业和新的价值，可以完善教育产业链、构建教育生态体系等。三是融合创新层面。大数据作为一种被引入教育领域的新技术和新手段，通过对学习环境（数字校园、智慧教育、虚拟课堂等）、教学过程、教育决策等产生的海量数据资源的深入分析和挖掘，创新教学模式，促进教育的变革创新。

将大数据应用到教育领域中，有助于实现教育的"四种效应"。一是整合效应，通过利用大数据技术对各种教育资源进行整合和关联分析，实现"1+1>2"的规模效应。二是降噪效应，对已有教育数据资源进行有效整合，激活有用数据、剔除无用虚假数据，利用大数据技术对教育数据做"减法"，提升数据资源的可用性。三是倍增效应，发挥大数据激活休眠数据，将静态的数据变为动态数据的"催化剂"，让教育数据产生出更多的"溢价效应"，加速涌现更多新产业、新价值。四是破除效应，借助大数据打破教育行业内部和行业间的"数据孤岛"，统一异构数据、打破数据壁垒，实现与其他部门数据的互联互通，使智慧教育成为智慧城市的有机组成部分。

利用大数据可以有效破解教育发展所面临的"六大难题"。一是有效破解教育资源差异化所带来的教育不公平现象；二是有效破解教育方式单调化所带来的"模式化"教育难题；三是有效破解教育信息隐形化所带来的不可量化难题；四是有效破解教育决策粗放化所带来的教育决策不科学难题；五是有效破解教育择校感性化所带来的选择不科学难题；六是有效破解教育就业盲目化带来的择业不合理难题。

大数据还将加速教育生态体系的构建，助力建设"大平台"系统以汇聚教育和数据资源；构建"大服务"体系，提供便捷泛在的教育服务；实现"大教育"愿景，满足多层次人群的全生命周期教育需求。

一、实现教育"四种效应"

经过多年的教育信息化建设，我国已经形成一定的教育数据资源，但还存在些突出的问题，主要体现在：一是数据采集方式较为单一，绝大部分来自教育管理系统。二是数据未能有效整合，数据依类别、行业、部门、区域等被"割据"，关联性被遗忘，例如，教育视频作为最大的教育信息源没有被充分利用，公众无法以低成本、有效途径获得优质的、个性化的教学资源。三是数据质量和可用性不高。数据越来越多样化，且缺乏统一标准，在组织、整合、清洗和转换这些数据时难度较大，因此也造成数据质量和可用性不高。四是缺乏数据平台。为深入挖掘海量教育数据的潜在价值，需要数据平台来处理、分析各类数据，并提供完善的数据服务。

大数据在教育行业的深化应用，将突出表现为"四种效应"：整合效应、降噪效应、倍增效应和破除效应。

（一）大数据对教育的整合效应

当前，教育界对智慧教育的推进已超越了对信息系统的建设，转而重视系统内部内容与数据结构的完善。在大数据时代，数据的重要性甚至超越了系统本身，形成了一个在信息化领域广为接受的准则："技术占三分，管理占七分，而数据的价值则高达十二分。"大数据的核心理念在于其"开放性"，即通过深入分析数据来揭示事物发展的客观规律，这种揭示依赖于数据的真实性和广泛性。

然而，数据的共享与开放性如何实现，以及如何增强数据的综合利用，成了大数据发展中的薄弱环节和待解难题。尽管数据被视为资产，但其在多数行业和领域中缺乏必要的开放性，不同行业主体掌握着各自的数据，往往不愿意无偿共享。特别是在教育领域，各主体（如学校、教育管理部门、教育培训机构等）都有其独特的教育数据资源，这些数据在早期往往被各自"垄断"。

随着信息技术的飞速进步，教育课程和平台逐渐向社会开放，预计将生成大量高质、细粒度的教育数据。这些数据的交叉互动和综合分析将催生更高层次的信息价值，进而充实教育资源库，带来超线性的规模效应，即"1+1>2"。因此，在数量层面上，大数据优化了教育资源的"加法"。

更进一步，大数据固有的关联分析功能能够突破传统行业边界，实现跨行业数据的有机结合。例如，通过将学校周边的交通状况数据与学生的出入校数据相结合，可以对学区的交通信号系统进行智能化管理；再如，将学区房屋信息与学校师资和学生数据相关联，有助于对师资进行合理配置，从而高效解决"择校热"等问题。教育大数据正是基于这种跨界的关联性分析，一方面拓宽了数据的规模和范围，实现了多行业、多领域数据的互动融合；另一方面，通过这种互动和关联性，能够解决传统单一领域或行业难以克服的问题，打破数据孤岛，释放众多表面上看似毫无用处的数据的潜在价值。这不仅为教育管理和服务的创新提供了可能性，也为相关政策的科学制定和实施提供了有力支撑。

（二）大数据对教育的降噪效应

全球数据体量正经历着指数级增长，年复合增长率达 50%，并且数据种类也日益多样化。在这种环境下，数据"噪声"问题逐渐凸显，严重影响了数据的质量和后续的使用价值。数据噪声可被定义为固有于被测量变量中的随机误差或不一致性。如美国学者纳特·西尔弗在其著作《信号与噪声》中所强调，数据量的激增并不代表我们的理解和分析能力同步提升。实际上，大部分信息都淹没在噪声之中，而噪声的增长速度甚至超过了有价值信息即"信号"的增长。

在教育领域，信息技术的广泛应用和教学模式的持续创新已经产生了大量数据。然而，仅有一小部分数据是具有实际价值和益处的。数据噪声的存在在很大程度上干扰了教育决策制定和趋势预测的准确性。尽管各教育机构拥有众多教学资源，但真正能够投入课堂，实时更新并与学生互动的教学资源却是凤毛麟角。因此，教育大数据的管理需要一种"减法"策略，即通过整合和净化数据资源，排除虚假和无效数据，从而提炼出有价值的信息。

要实现这一目标，首先需要在充分认识大数据对教育领域潜在推动力的基础上，采取主动态度。这包括对来自不同教育实体、系统和教学环境的大量数据进行整合和分析。通过激活有用数据，筛除噪声和虚假信息，我们能利用大数据技术进行数据的"减法"，从而提升数据的准确性和实用性。这一过程不仅减少了误导性信息对教育管理和决策的干扰，还增强了基于数据的教育研究和实践的可靠性。

在此背景下，教育界需要建立更加精确的数据审核机制，完善数据治理，加强数据质量控制流程，并采用先进的数据分析技术和工具，如机器学习和深度学习算法，以识别、隔离，并减少数据噪声。通过这些措施，可以有效提高教育大数据的准确性，为教育政策制定、教学方法革新，以及学习体验优化提供更有力的支撑。

（三）大数据对教育的倍增效应

教育领域经过多年的数字化进程，已累积了大量数据。然而，值得注意的是，智慧教育之所以能在大数据快速发展的背景下蓬勃发展，主要是因为大数据技术充当了一种激活休眠数据的催化剂，将原本静态的数据转化为了具有动态变化的信息资源，从而在教育领域产生了显著的"倍增效应"。

首先，人数据技术以其独有的优势，在解决传统教育中的一系列挑战，如教育改革的阻力、优质学校资源的分配不均，以及学前教育资源的匮乏等问题上，展现了巨大潜力。这种"数据驱动的决策"和"数据驱动的流程"模式正逐渐在教育行业中普及。同时，大数据也为教育领域的创新注入了新的活力，促进教育产业转型，推动新教学模式的产生和技术创新的实现。具体而言，一些创新型企业正在利用教育数据提供更为精准和细分的教育解决方案，将大数据转化为工业产品和服务。这种"数据驱动产品"的模式预示着教育行业即将迎来新一轮的创业高潮和产业变革，如教育应用程序和在线课程的分化已经成为这一变革的证明。

值得一提的是，大数据不仅在数字化向智慧化的转变过程中起到了"乘数"的作用，而且促使教育管理和服务更加精准和个性化。例如，自20世纪90年代起，中国就开始积极推进教育信息化。虽然这一进程取得了一些成果，但其影响并不显著，一个重要的原因是对教育信息化背后的数据和信息资源的挖掘与应用不够充分，限制了其在改进决策和提升教学质量方面的潜在作用。诸如学位管理系统、学籍管理系统、教务管理系统等都积累了大量数据，但长期以来，这些数据大多未被有效利用。

实际上，大数据技术的应用，特别是通过"数据驱动的管理"，能够使我们深入分析这些历史数据，更清晰地了解各专业的就业前景、不同地区的学生辍学率、各类课程下教师的工作压力等，进而改进课程设计，优化招生和资助政策，以及提高整体的教育决策水平。例如，美国亚利桑那州的一所公立大学就采用了Knewton在线教育服务系统来提高学生的数学成绩，该系统能够通过大数据分析识别每个学生的学习特点，为他们提供个性化的学习指导。在引入该系统两个学期后，学校的辍学率显著下降了56%，同时毕业率也从64%增加到了75%。

综上所述，大数据在教育领域的"倍增效应"不仅表现在其作为技术和工具的创新上，更在于它对教育模式、教育管理，以及教育服务质量等方面的全面提升。通过有效整合和分析教育数据，高职院校可以更好地理解教育现状，预测教育趋势，并为学生提供更具针对性和有效性的教育资源和服务。

（四）大数据对教育的破除效应

由于标准体系的不完善和信息化推进机制的不统一，我国在地方和各个层级的教育信息系统中，数据规范和接口标准的协同性不足，导致系统间的互通性较差，严重的信息孤岛现象显现。为解决这一状况，有必要通过大数据技术对教育行业内部以及跨行业的"数据孤岛"现象进行破除。这里所说的"破除"，是指统一异构数据、消除数据隔阂，实现与其他部门数据的互联互通，从而让智慧教育成为智慧城市构建中不可或缺的一环。比如，学校系统能与公安系统的数据进行沟通，通过分析流动人口的数据来预测学生数量及其特征，从而解决教育资源的结构性不匹配问题，实现提前预警，并引导家长做出更合理的选择。

正如先前分析，大数据的演进是一个逐步的过程，从其初生到成熟，需要经历从技术、能力、理念到时代的全方位发展。社会对大数据的认识和实践应用也将随着大数据本身的成长而不断调整和转变。因此，当大数据技术融入教育领域时，它所带来的影响是深远和重大的，但这是一个缓慢的过程，需要从思维转变到应用能力的全面提升。

在大数据应用于教育领域的初期，它主要被视为一种信息化工具，用以改革教学模式和提高教学效率，实现教育的智能化、普惠化、个性化和扩展化。随着应用的深入，更多的教育工作者和利益相关者将开始意识到大数据不仅是工具，更是解决传统教育难题的"新能力"。当大数据得到全社会的广泛认可，数据资产的概念普及时，人们会发现，大数据与教育的结合将产生巨大的社会影响力，如通过整合教育资源产生的集聚效应，以及通过挖掘数据资源产生的创新倍增效应。最终，当教育领域形成"数据文化"氛围，并构建"数据治理"理念时，一个自我循环、可持续发展的教育生态系统将应运而生。

这种转变不仅意味着教育管理和资源配置的优化，也预示着教育服务方式和教学方法的革新。长远来看，大数据将成为推动教育领域内外部改革、促进教育公平和质量提升的关键力量。通过大数据，可以建立更加开放、协作的教育生态，为学生、教师、家长，以及决策者等所有利益相关方创造价值，推动教育系统的现代化，满足 21 世纪的教育需求。

二、破解教育"六大难题"

利用大数据，不仅可以改变教育思维方式，更加关注开放性、普惠化、个性化和智能化，也可以用新技术实现教育的全方位变革与创新，破解传统教育难题。

（一）破解教育资源不均衡难题，实现教育普惠化

大数据让教育更加普惠和公平。教育普惠化是教育发展的目标之一，"普"可以理解为更为平等的教育机会，"惠"可以理解为更低的教育成本。大数据在教育领域的广泛应用，将促进区域教育资源的共建共享和优质教育资源的普及，从而推动教育普惠和公平。

1.促进区域教育资源共建共享，降低重复建设和浪费

传统的数字化校园建设模式导致了信息孤岛和数字鸿沟的产生。然而，云计算技术为教育信息化提供了创新的构建路径。采取"集中力量办大事"的策略和"集中建设、分散使用"的模式，将更加促进教育信息资源的整合、存储、共享和利用，有助于构建具有区域特色的教育大数据中心。教育大数据的应用显著表现在资源的高度整合和优质教育资源的无处不在，它能够降低重复投资和资源的浪费。以正在建设中的"国家教育资源公共服务平台"和"国家教育管理公共服务平台"为例，这两大平台旨在集成教育管理和教学支持领域的海量数据，创建一个对教育教学过程和教育管理有有效支持的大数据环境。国家教育资源公共服务平台通过资源征集、整合、共建以及资源捐赠等方式汇聚教育教学资源；同时，国家教育管理公共服务平台利用"一人一号"和"一校一码"的原则，全面而精确地收集全国学生、教师以及学校办学条件的动态数据。这些大数据资源如同我

们的"显微镜和仪表盘",它们是智能教育分析和决策的基础,科学的决策过程将推动教育成本的整体下降。

2.加大优质教育资源的普及,缩小不同地区间的差距

首先,远程教育和同步课堂等教育信息化应用的推广,将进一步缓解不同地区、不同学校,以及城乡之间的教育资源差距。其次,通过建立统一的教育数据资源库,可以有效减少教师资源和学校设施之间的不平衡。2013年7月,中国政府将教育管理信息化作为下一阶段的工作重点,加快了学校、教师、学生三大基础数据库的建设,实行"一人一号""一校一码",为每位学生、每位教师以及每所学校及其资产创建全国统一的电子档案。这些电子档案的构建将整合全国教育数据资源,通过对这些数据的深入分析,可以动态监控教师的岗位变动、学生的学籍变化等,有效解决教育资源分布不均和重点学校集中的问题,从而减少教育成本的差异。最后,随着移动设备如智能手机和平板电脑的普及,以及在线学习系统的广泛接入,免费教学资源的可获取性大大提高。线上学习的成本和门槛正在不断降低,学习者能够摆脱时间、地点、年龄的限制,随时随地接触到丰富的学习资源,这不仅避免了教育资源的浪费,还大大促进了教育公平性的实现。

(二)破解教育方式单调化难题,助推教育个性化

大数据让教育更加个性化。后信息时代信息将变得极度个性化,在后信息时代,信息具有很强的细分能力。大数据时代信息受众分类更加明确,很多数据信息服务是根据个人需求量身定做的,目的性更强、定位更准确、效果也更好。未来教育是一个基于智慧教育的"人人有学上,人人上好学"的教育图景:每一个学生都有自己的学习模型(可以由知识基础、学习风格、学习行为等构成),学生不仅可以自主地选择学习内容和策略,还可以根据自己的喜好和发展愿望来选择甚至构建适合自己个性的课程,而无须关心课程究竟来自哪个学校或什么地方。学生能够充分利用信息技术的无时空、无主体限制优势,获得更优质的个性化发展服务,提高教育的质量和品质。此外,随着分类考试、综合评价、多元录取的高等教育改革基本模式的逐渐形成,学生学习的主体性要求得到更好发挥,个性化的学习和教育需求也将更加强烈。

1.大数据驱动个性化教学

随着大数据和分析技术在教育领域的日益普及,个性化教学已从理论走向实践,为学生提供了更加量身定制的学习体验。大数据不仅优化了教学内容的选择,

使之更加符合学生的个性化需求，也增强了教育过程中的"因材施教"原则的可操作性。

在大数据的支持下，教育工作者能够详细记录和分析学生的学习轨迹，从而深入理解学生的学习模式、兴趣点、行为偏好及潜在的学习障碍。这种方法的实施并不要求教师拥有高度专业的技术背景，而只需要基本的数字技术接入。例如，联网的计算机或移动设备，便能实现对每位学生的全面了解。

此外，通过深入挖掘大数据，教育者不仅可以监测学生在学习过程中何时、在哪些方面遇到困难，还可以识别学生在课程中频繁访问或重复浏览的特定内容，这些都是他们可能需要额外指导的领域。分析还延伸到了学生的学习偏好，比如他们倾向于何种类型的学习材料，以及在一天中何时的学习效率最高。这些深度洞察为教育者和学校管理者提供了宝贵的信息，使他们能够做出更加明智的决策，优化教学策略，从而提高整体的教学质量。

具体案例如美国加州马鞍山学院开发的"SHERPA"系统，它采用了高级分析功能，根据学生的个人兴趣和学术需求提供课程建议。这一推荐系统不仅帮助学生解决选课难题，也使教育顾问能够更有效地指导学生，协助他们筛选出最符合个人发展需要的课程。同时，系统还能够分析大量的学习数据，为教师和课程设计师提供实时反馈，帮助他们有针对性地调整教学方法或课程内容。

2.大数据驱动个性化学习

随着大数据技术的不断成熟和普及，其在教育领域的应用也日益广泛，尤其是在推动个性化学习方面显示出强大的潜能。通过精准的数据分析，学生能够更直观地探索与自身兴趣和需求相匹配的学习资源，从而实现更有效的自主学习。

例如，奥斯汀佩伊州立大学创设的"学位指南"课程推荐系统，它超越了传统的基于偏好的推荐模式，转而通过高级算法分析学生的学术记录、职业目标及个人特质，以确定最适宜他们的专业方向和课程。这种推荐不是单纯追求学生所"喜欢"的课程，而是综合评估哪些课程对学生的学术成长和职业规划最具价值，同时也考虑了课程的适当顺序和如何组合课程以最大限度地提升学习成效。更进一步地，该系统也向学生顾问和教学管理员提供重要数据，支持他们进行有针对性的干预和课程优化，以更好地服务于学生的长远发展。

此外，Knewton 公司自 2008 年成立以来，就致力于开发能够提供预测性分析和个性化推荐的先进在线学习工具。总部设在纽约的 Knewton 公司通过其创新的适配学习技术，实现了高度个性化的教育体验。该公司与多家出版商合作，数字化各种课程材料，并服务于K–12教育、高等教育和职业教育等多个阶段的学生。

Knewton公司的核心技术包括数据收集、分析推断和个性化建议等关键步骤。在数据收集阶段，系统通过高级算法确定学习内容中各个概念之间的联系，并将这些信息与学生的互动情况相结合，形成一个综合的数据模型。在推断阶段，数据通过各种引擎（包括心理测试引擎、策略引擎和反馈引擎）进行深入分析，以揭示学生的学习模式和潜在需求。最后，在建议阶段，系统依据分析结果，通过建议引擎和预测性分析引擎为教师和学生提供具体的、个性化的学习建议，并整合这些信息，形成学生的全面学习历史记录。

3. 大数据驱动个性化交互

大数据凭借其数据跨界整合、跨界流动和跨界挖掘的优势，可以有效整合原有零散的线上线下教学资源，改善传统落后的教学关系，实现更为个性化的交互，从而为老师、学生、家长搭建"一对一"的精准交互平台。这种精准交互就是在精准定位学习目标的基础上，依托现代信息技术手段建立个性化的、精准的学习资源体系和考核体系，实现学习速度和学习质量可度量的学习之路。这种"一对一"精准交互保障了学生、家长、教师、班主任等多方的密切互动沟通，从而不断满足学生的个性需求，建立稳定的"一教一学加多管"的机制，与学生进行线上和线下的长期个性化沟通，实现个性关怀，极大降低学习的时间成本，显著改善学习效果。

（三）破解教育信息隐形化难题，促进教育可量化

传统的教育信息往往是不可见的，缺乏系统性的收集、整合、分析与透明性，这一状况在大数据时代得到了根本性的改变。如今，教育信息的可量化已成为一种可能性，具有开创性的意义。

正如雅虎首席科学家沃茨博士在其著作《21世纪的科学》中所指出，得益于计算机科学的飞速发展和大规模数据库技术的成熟，人们在现实世界中的行为和互动被记录得更为详尽。这些记录的精细程度和频度不断提高，为社会科学的定量研究提供了前所未有的丰富数据资源。随着测量和计算方法的精进，社会科学将摆脱其"准科学"的标签，步入一个更为严谨的科学研究领域。例如，在政治学研究中，新闻评论、网站下载历史、社交媒体互动记录等都已成为宝贵的数据源，这使得政治学——这一古老的学科——正逐步转型为一门基于严格分析的

科学。

教育学，作为社会科学的重要分支，也在经历类似的转型。借助于数据科学的飞速发展，原本基于主观判断和个体经验的教育领域正在向一个可以定量和客观评估的阶段迈进。智慧教育的崛起依赖于信息技术基础设施的完善，以及云计算、物联网和大数据等前沿技术的广泛应用。这些关键技术的进步为教育界提供了海量数据，推动了教育智能化的深入发展。例如，通过先进的学习分析工具，教师不再只是依靠经验来判断学生的学习兴趣和难点，而是可以根据实时数据做出更准确的判断。

实际上，这种可量化的转变正影响着教育的各个层面，包括教学过程、校园管理和教育评估等。在教育质量评估方面，大数据技术使得过程评价的定量测量和评估成为可能。例如，在课堂教学中，学生的出勤、作业完成情况、师生互动频率及时长等都可以被记录和分析，构建成一个新的、更为全面的教育质量评价体系。此外，针对教育和科研过程的评估也可以采用类似的方法，实现对各个具体环节的定量考核。

2013 年，经济合作与发展组织（OECD）在其《为促进更好学习：评价与评估的国际视角》报告中，强调了"加强评估以促进学生学习"的重要性。报告建议，在评估中应确保评价标准与教育目标一致，将学生的学习置于中心，关注如何改善课堂实践的过程评估。

与此同时，基于大数据的可量化方法还催生了个性化教育这一智慧教育的重要特征。通过分析学生的学习轨迹、活动模式和学校资源利用情况，教育者能够更准确地预测学生的兴趣和需求，为他们提供更有针对性的资源和服务。这不仅满足了不同学生的学习目标和期望，而且实现了真正意义上的智慧学习环境。然而，随着这些进步，也必须更加重视数据的隐私保护和安全性问题，确保教育信息化发展的健康和可持续。

（四）破解教育决策粗放化难题，提升决策科学化

教育政策的科学制定，尤其是如何精准地运用教育数据进行决策，一直是教育界深入探讨的关键议题之一。传统上，教育决策过程大量依赖于经验和主观判断。在当前中国的教育环境中，我们观察到，许多教育决策过程过分倚重个人经验、直觉，甚至是流行趋势，而不是以实证数据作为支撑。无论是此前针对大学英语四、六级的改革，还是近期发布的高考制度改革方案，决策的科学性和实施

的可行性都成为教育研究者和广大公众普遍关注和批评的焦点。

在教育信息化大力投入的背景下，利用教育信息化提升课程教学品质、增强学生的综合素养、优化教育管理质量、促进教师的专业成长，以及加强学校与社会的互动交流，已经超越了政策构想的层面。现在，教育界更期待的是这些理念能够在教育信息化的实践操作中得到具体实施，以数据为支撑，实现更科学、更合理的教育决策过程。

进入大数据时代，以"数据驱动的决策"为核心的教育决策模式正在成为提升教育决策效能的新视角。在这个模式下，大数据贯穿教育决策的每一个环节，标志着基于数据的决策方法不仅有着信息技术发展所带来的技术可行性，也体现了大数据时代对教育方式必然的影响和改变。从技术角度来看，随着大数据技术的日趋成熟，进行大数据分析变得更为便捷和低成本，这相较于过去大大加快了对相关业务理解的速度。在大数据的影响下，越来越多的教育机构开始通过深入追踪用户行为数据，特别是在一些互联网企业进入在线教育领域后，他们运用技术优势，对用户数据进行细致分析，以优化教育资源分配、创新教育产品和革新教学方法。这些实践活动在本质上就是"数据驱动决策"在教育领域的具体应用。

从必然性的角度来看，基于大数据的决策科学化在国际和国内教育领域都获得了广泛认可。国际上，联合国教科文组织自 2009 年起便持续发布"Global Education Digest"报告，利用其统计机构分析全球教育数据，旨在改善教育决策环境，并为全球教育政策提供科学的、数据驱动的支撑。在美国，自《不让一个孩子落伍法》实施以来，教育决策者已经认识到，运用教育数据进行决策不再只是可选项，而是必要的手段。教育部已经发布相关报告，详细介绍了大数据再教育领域的应用，以及实施所面临的挑战，强调了利用数据挖掘和学习分析技术为教育决策提供支撑的重要性。

总体来看，数据驱动的教育决策方式不仅反映了技术的进步和时代的要求，而且已成为国际和国内广泛接受和实践的教育发展趋势。这种趋势预示着教育领域未来的变革，强调了教育决策过程中数据的不可或缺性，以及教育科学化、精准化的重要性。

（五）破解教育择校感性化难题，推进选择理性化

中国当前面临的一个教育挑战是由资源分配不均导致的"择校"问题，这一现象严重制约了基础教育的均衡发展。长期以来，择校现象一直是一个棘手的社

会问题，尚未得到有效解决。更为严峻的是，这种现象催生了一种非正式的"产业链"，影响到学校周边地区的房地产市场，甚至推高了学区房价格，形成了复杂的人际关系网。这一系列现象背后的根源在于教育资源的不均衡分配。由于优质教育资源的稀缺性和分配的不合理，名校效应越发显著，从而推高了相关地区的房价。在这一背景下，大数据技术的应用为优化教育资源的分配提供了新的视角和解决方案。

除教育资源分配不均之外，信息不对称也是造成择校困难的一个重要因素。在中国，这种不对称性尤为明显，特别是在高考志愿填报过程中。由于缺乏对全国高职院校专业排名、师资力量、录取率、就业率、学费以及奖学金等信息的了解，学生和家长在选择学校和专业时可能会遇到诸多困惑。值得注意的是，择校问题并非中国特有，在全球范围内，许多国家也面临着相似的挑战。近年来，随着数据的开放和共享，美国、英国等国家开始利用大数据整合并分析全国范围内的高等教育和基础教育资源，以期从根本上解决择校问题。例如，英国推出了"Find The Best University"和"Find The Best School"项目；美国则启动了"大学导航"和"学校搜索"项目；荷兰通过开放的 Open Education Data API，发布了多种数据工具和 APP，协助家长和学生做出更加理性的教育选择。

在中国，互联网企业如百度也在尝试解决这一问题。通过大数据分析，百度能够挖掘并分析关于高考、大学排名、专业排名等的历史和实时数据，创建了全国各大学的"大学报考图谱"和针对不同专业的"专业报考图谱"。这些工具从报考难度和热度等多个维度为学生和家长提供了宝贵的参考信息。更进一步地，百度还推出了手机应用，如"手机百度"，这些应用通过大数据生成的高职院校热力图、《手机百度 2014 高考蓝皮书》以及全国高职院校、专业热度排行榜，将大数据的分析结果转化为实用的建议，助力学生和家长做出更明智的教育选择。通过这些技术和平台的实现，我们可以预见一个更加公平、透明和数据驱动的教育选择环境即将逐步形成。

（六）破解教育就业盲目化难题，指导择业合理化

教育旅程的初级阶段或许集中于学校选择，然而，就业环节是评估教育成果的关键点。当前，由于教育资源信息的不对称和人才市场供需的失衡，大学毕业生面临的就业境况越发严峻。在这一背景下，美国的经验表明，大数据在优化就业决策方面具有重要价值。

美国劳工部推出的"一站式就业服务"系统，是基于对国内多年就业统计数据的深度分析而构建。该系统汇集并整合了全国范围内的行业薪资、教育培训、就业机会等关键数据，通过大数据技术的应用，为求职者提供了一个综合性平台，实现从职业探索到薪资查询，再到教育培训机会和实际就业信息的无缝对接。

以系统中的"薪资查询"功能为例，职场新人，特别是大学毕业生，可以基于自己的专业背景，探索可能的就业领域，并比较各行业的薪资标准，以识别收入潜力较高的行业。此外，系统还允许用户比较不同城市的生活成本，有助于他们做出更明智的地理位置选择。在就业市场的波动和不确定性面前，求职者还可评估不同地区的失业保险和支持服务，确保在遭遇不利就业情况时，有基本的生活保障。进一步地，一旦个体成功获得职位并希望提升职业竞争力，他们也可以便捷地获取所在地区的继续教育和职业培训信息。

该服务平台的核心，在于其以人为本的数据整合方法。它将薪资、地缘、就业保障、职业发展和福利等多个关键指标融为一体，通过关联性分析为用户呈现宏观而微妙的职场景观。当前，这只是大数据在生活决策中的基础应用之一。展望未来，随着社会对大数据复杂性的理解加深，并伴随数据开放政策的进一步落实，我们可以预见，大数据在就业决策和人才发展领域将迎来更广泛、更深入的应用前景。

三、加速智慧教育生态体系的构建

（一）智慧教育生态体系的构成要素

大数据对教育影响的更重要意义在于，它有助于加速智慧教育生态体系的形成。这里的智慧教育生态体系是指围绕人的教育活动，基于大数据平台等一系列应用，按照智慧教育发展模式，形成双向的价值转移，可以实现教育自循环和可持续发展的多元互动环境体系。主要包括五大核心要素：多元化的教育主体、核心的教育活动、良好的教育环境、完善的教育机制和成熟的教育产业基础。五大核心要素相辅相成、相互作用，智慧教育活动围绕教育主体开展，成熟的智慧教育产业为教育活动的开展提供产品和服务支撑，良好的智慧教育环境和完善的智慧教育机制为教育活动提供基本制度保障，保证智慧生态系统的有机运行，最终实现教育资源的全面整合共享、教育资源的无处不在和随时可得，以及教育资源的多层次全民覆盖。

具体而言，多元化的教育主体是指以管理者、教师、学习者、家长和公众为核心的主体对象；核心的教育活动是指智慧教学、智慧学习、智慧管理、智慧科研、智慧评价和智慧服务；良好的教育环境是指教育政策环境、市场环境和社会氛围；完善的教育机制是指管理机制、运营机制、反馈机制等；成熟的教育产业基础是指以丰富多元的教育产品与服务体系为基础的较为完整的教育产业链。

（二）智慧教育生态体系的运行机制

在构建智慧教育生态体系的过程中，大数据技术不仅扮演着关键角色，而且在促进该体系加速形成方面具有独特的作用。通过深化大数据在教育领域的应用，我们可以推动"大平台"的构建，这个平台将整合各类教育数据资源，打造成为教育领域的数据中枢；同时建立"大服务"体系，为教育相关方提供无处不在的便捷服务；以及实现"大教育"的愿景，来满足不同群体在生命周期各阶段的教育需求。

其中，"大平台"作为智慧教育生态体系的基石，能够实现教育资源的有机整合，为优质教育资源的共享提供必要的平台支持。"大服务"体系则作为实施的路径，通过丰富的教育产品和服务以及教育服务渠道的拓展，为用户提供全方位的教育服务。"大教育"愿景是该体系追求的根本目标，旨在满足多层次人群的全生命周期教育需求。

"大平台"系统最大限度地利用了大数据在教育领域的"整合效应"，将社会各界的教育数据资源进行汇聚，实现了教育管理机构、教育服务提供者、学生、家长等各参与者之间的数据互联互通。通过精细化的大数据治理，该平台不仅促成了智慧教育服务平台的形成，还确保了教育数据的共享。通过开放数据接口、共享机制和数据交换，这些运作机制确保了教育数据的有效管理。各教育机构和企业可以利用这些数据资源，为教师、学生、家长等提供更丰富的教育产品和服务，同时，教育管理部门也可以利用这些数据资源进行科学的决策制定，有效监管智慧教育产业，从而推动"大服务"体系的建立。

"大服务"体系在"大平台"系统的基础上发展，以服务教育管理者、学习者、教师、家长以及广大公众为中心，围绕智慧教育的各核心活动，如智慧教学、智慧学习、智慧管理、智慧科研、智慧评价和智慧服务，提供更系统的教育产品和服务。这些产品和服务目前主要包括面向各类用户的管理系统，如教育管理系统、教师资源库和备课系统、学生学习资源及学习方式、家校互联应用等。这些系统将生成大量的数据资源，为"大平台"提供新的教育大数据源。从这个意义上讲，基于"数据——服务——数据"的循环转换模式促成了"大平台"与"大服务"体系之间的良性互动，形成了自我强化、可持续发展的教育模式。

"大教育"愿景体现了一种多层次、全生命周期的智慧教育发展范式，它致力于融合个人、家庭、学校及社会的全方位教育资源，创设一个每个社会成员都能够随时随地、终身持续学习的教育氛围。这种范式的形成与实现，依赖于教育环境的多个方面，包括教育的机制体制、产业布局，以及更为宏观的社会经济环境。

从智慧教育的环境基础来分析，政策环境的优化显得尤为重要。目前，全球范围内的政府和教育管理者正在认识并接受信息技术对教育领域所带来的深远影响。政府部门对于大数据、云计算等新兴技术的态度日益开放，相关的支持政策和鼓励措施也在不断出台，这为智慧教育提供了良好的发展环境。在市场层面，线上教育和互联网教育的市场前景广阔，与智慧教育息息相关的各种教育形态得到了广泛的认可和支持，教育信息化的投入持续增长，市场规模不断扩大，服务细分也更为精准。同时，在社会环境方面，利用网络和智能设备进行自主学习已逐渐成为公众的日常习惯，而基于社交媒体的集体学习方式也风靡全球。

在智慧教育的运行机制方面，教育大数据的管理和应用正在经历革命性的创新。数据资源跨区域、跨行业、跨机构的整合与共享机制不断得到加强，推动了在线教育企业与传统教育机构的深度合作。在未来，可能会出现多种并存的教育大数据运营模式，如非营利性的免费开放模式、公私合作的特许运营模式，以及基于众筹的运营模式等，共同促进智慧教育生态的多元化发展。同时，以大数据为基础的智慧教育决策机制和反馈机制也在不断完善，得到了教育管理部门的广泛认可。

尽管如此，智慧教育产业链的完整性尚待加强。当前，无论是面向校内的教育信息化发展，还是更广阔的互联网教育产业扩张，智慧教育的产业链条已初见规模，但仍面临多重挑战。例如，缺乏统一的顶层设计可能导致基础设施的重复建设，不完善的行业规范阻碍了数据的整合，以及产业内部融合不足等问题都在一定程度上限制了智慧教育的全面发展。因此，未来的关键在于如何解决这些问题，进一步完善智慧教育的生态体系，实现教育资源的优化配置和高效利用。

（三）大数据在智慧教育生态体系构建中的作用

1. 大数据加速"大平台"系统的形成

大数据技术正促进"大平台"教育系统的构建，通过增强教育数据的可访问性和开放性，为教育资源的整合提供了新的可能性。具体而言，教育资源的开放性允许不同教育参与者汇聚其宝贵的数据资产，通过开放访问、共享协作和数据交易来优化教育发展环境，并进一步推进教育系统朝向一个高度整合和互通的"大平台"演进。

在这一进程中，我们可以观察到两个层面的教育数据开放：第一，由政府、学校、教育机构和科研机构主导的"狭义"教育数据和资源的开放，这种开放策略可以显著改进教育政策环境，促进基于证据的决策制定。第二，一个更为广泛的教育数据开放视野正逐渐展开，它涉及政府、企业、教育机构，以至公众的多方参与，实现了教育数据和资源的全社会共享与交换。这种方式下的数据共享不再局限于传统的点对点模式，而是发展为多方参与的数据交易和服务网络，从而在本质上改善了教育发展的市场和社会环境。

大数据的应用和理念促使教育信息资源实现了有效的共享，有助于缩小不同地区之间的教育鸿沟。在这种模式下，教育信息资源被汇集于一个集成化的信息平台，允许通过互联网进行数据的整合和资源的优化配置。这种方法促成了优质教育资源的流动性和可及性，加强了资源共享的途径，扩大了学习资源的影响力和受众范围，从而构建了一个实现资源共享、交流和共同提升的综合性教育信息平台。

在这一平台的支持下，学习者能够通过文本、图像、音频和视频等多种形式获取知识，教育者则可以利用先进的技术工具、远程教学平台和多媒体设备来达成教学目标和管理任务。同时，一个更加人性化和个性化的交互式网络课堂环境正在这个平台内形成，它将在未来的教育模式中发挥至关重要的作用，为学习者和教育者提供更加广阔的发展空间和创新机会。

（1）开放特性

在教育领域，特别是在以"智慧"为核心的教育平台方面，开放性成为一种显著特征。这些平台允许用户根据个性化需求自主上传或下载内容，营造了一个多元化的学习环境。典型的例子如哈佛大学和麻省理工学院联合推出的 edX——一个非营利的在线开源教育项目。这个项目通过在线视频、嵌入式互动测验和协作论坛，提供了一种创新的学习模式，使学习者能够获得认证的技能证书和成绩记录，这种模式与传统全日制教育形成对比。

2014年，Google与edX合作创立了MOOC.org，旨在成为在线教育的聚合门户。这个平台吸纳了学术界、政府、商业和个人的参与，为他们提供制作和维护在线课程的工具和资源。特别是Google为edX平台提供了其CourseBuilder工具，以促进课程的制作。这种开放性不局限于个体用户，还扩展到政府、学校、家长和其他第三方机构，通过提供一个无门槛的开放平台，鼓励各方自愿投身于高质量的教育资源获取、教育体系的参与，以及教育互动中。

（2）整合特性

大数据在教育领域的影响具有明显的"整合效应"和"破除效应"。首先，通过有效整合线上和线下的教育资源，大数据促进了O2O（Online to Offline）教育产品闭环体系的构建。这种整合有助于实现教育资源的共享，推动教育公平性；促使线上线下教育的优势互补，提高学习效率；并有助于转换教育成果，增加学习的价值。O2O教育闭环不仅结合了线上线下资源的优势，更打破了教育数据之间的壁垒，实现了教育数据的无缝整合。其次，大数据对教育的"破除效应"在于消除了数据孤岛，确保数据流动性和互操作性，特别是在学校教育系统中。数据成为评估和改进教学方法的关键指标，包括但不限于考试成绩、入学率、出勤率、辍学率和升学率等。在课堂教学层面，通过分析学生的识字准确率、作业正确率、课堂参与度等多方面的具体数据，教师可以获得关于教学效果的直接反馈。例如，学生在课堂讨论中的参与度、问题回答的质量和频率，以及师生互动的深度和广度等，都成为评估和进一步个性化教学的重要数据点。

2. 大数据加速"大服务"体系的构建

（1）大数据将在一定程度上助推国家教育体制改革

大数据技术正在成为国家教育体制改革的重要推动力，它在教育制度、教学资源分配、课程结构、人才培养方法，以及就业机会分配等领域的改革中发挥着关键作用。举例来说，政府部门正在逐步开放与学生入学、毕业、注册等相关的基础教育数据，通过利用大数据分析技术深入挖掘历史数据，以改进教育决策流程、增强教育政策的影响力，并进一步推进教育体系的全面改革。

（2）大数据将在很大程度上优化教育决策

在教育决策优化方面，大数据已经在教育政策的研究和实践中显示出其实质性的应用。例如，在美国，联邦政府教育部技术办公室于 2012 年发布的报告中明确指出，教育数据挖掘和学习分析的领域正在开始引入大数据处理技术。澳大利亚政府的"我的大学"项目利用大规模实时在线数据，将本科至研究生阶段的课程评价和大学排名与政府政策紧密联系，从而使政策制定更加符合学生和家长的反馈。

此外，经济合作与发展组织（OECD）与其成员国在教育数据库方面的长期合作也表明，基于科学研究的大规模数据证据正日益成为现代教育政策制定的基石。这种依赖于大数据的方法已经超越了传统的、相对原始的统计手段，转而强调对教育各个层面微妙变化的精准捕捉，以及复杂的相关性和因果关系的解析。

大数据时代对教育政策分析的科学化优势主要体现在两个方面：第一，随着信息技术的快速发展，现在我们有能力处理与特定教育现象相关的全量数据，而不是仅依赖随机抽样。这种"全样本分析"方法提供了一个更全面、更准确的现象描述。第二，大数据时代减少了对绝对精确度的追求。拥有了大数据后，决策者可以更多地关注总体的发展趋势而不是详尽无遗地分析个别现象。这对于政策决策尤其重要，因为宏观层面的洞察往往比微观细节更能指导战略方向，从而在政策制定和实施中实现更高的效率和效果。

（3）大数据将助推学校人才培养模式改革

大数据技术通过深入分析学习系统和考评系统所产生的海量教育数据，为教育环境和教学模式的革新提供了可靠依据。具体来说，学生的学习行为轨迹可以通过精确记录和分析其在线互动，如鼠标点击等动作，得以清晰描绘。这种细致的数据收集揭示了学习者在不同知识点上的反应差异，学习所花费的时间，需要加强或重点复习的内容，以及最有效的表述方法或学习工具。

虽然单个个体的行为数据在初始阶段可能显得杂乱无章，但随着数据量的累积，可以在群体行为中观察到一定的秩序和规律性。对这些规律的分析不仅能够优化在线学习平台的功能，弥补缺乏面对面师生互动的不足，还能够为教育者提供针对性的教学策略，推动以学生为中心的教育模式的实施。

（4）大数据将助推教学过程改革

大数据的应用正在教学过程中发挥越来越关键的作用，特别是在实现针对学习习惯、教学策略改进与学习成效之间关联的聚类分析方面。以个性化英语教学为例，传统的教学模式要求教师投入大量时间来分析每个学生的学习状态并制订个性化的教学计划，这不仅耗时而且成本高。然而，大数据技术的引入极大地简化了这一流程。

例如，在"My English Lab"（以下简称 MEL）这一基于大数据的在线英语学习辅导系统中，通过实时分析学生个体及整个班级的学习进度、反馈和阶段性成果，教育者可以迅速识别并解决学习过程中的问题。大数据分析系统围绕"教、学、测"三个核心环节，组织在线学习内容和过程，并将学生、教师、家长、教育机构作为系统中的互动参与者，有效整合在 MEL 学习管理系统中。通过这种方式，MEL 不仅优化了个性化课堂教学和家庭辅导，还实现了自主学习的动态管理，为学生提供了一个高度个性化的学习管理环境。这种基于大数据的教学过程改革，有效提升了教育的质量和效率，同时也为未来教育模式的创新提供了可能性。

（5）大数据将通过鼓励公众的积极参与助推社会创新

大数据技术的兴起正在催生一种新的社会动力，这种动力通过鼓励公众参与和社会各界的协作来促进教育资源的共享和社会创新。例如，社会团体和高职院校联盟通过构建公共教育资源共享平台，可以系统地分析和研究在线学习和全民教育的学习轨迹。这不仅促进了社会创新和优秀人才的发现，还实现了教育数据的增值服务。

同时，企业和网络媒体也在积极参与其中，它们提供开放的课程资源，利用大数据进行用户行为分析和精准营销，从而在商业模式中实现教育资源的最大化利用。这种跨界合作和公众参与的模式加速了知识的传播和创新教育模式的探索，为社会创新提供了广阔的空间。

（6）大数据将加速全民终身教育体系的形成

在大数据的背景下，市场主导下的大数据接口和学生数据 API 应用正受到越来越多的关注。这些技术的发展和应用为支持终身学习、个性化学习和学习行为提供了多样化的信息系统平台。如同显微镜之于生物学，大数据和相关技术的应用将教育研究转变为一种实证科学，对教育模式、学习行为进行深入分析。

当前，诸如翻转课堂、家庭教育、社交网络整合和教育行为信息系统的可视化等创新方法正在被广泛研究和采用。这些方法不仅提升了教育的有效性，也强化了教育的普惠性。以美国社区大学为例，它们提供了多种课程，满足了不同学习者的需求，并成为社区化教育的基石。社区大学不仅培养具备专业技能的人才，还提供包括外语、护理、育儿、艺术等在内的各类课程。

基于云计算和大数据等技术，教育机构能够整合服务，构建一个开放、免费的全民学习平台，使终身教育理念深入人心。通过这样的平台，学习资源得以充分共享，学习机会得以大幅拓展，从而确立了终身教育在现代社会中的基石地位。

3. 大数据加速"大教育"愿景的形成

在教育领域，大数据技术的引入正在加速一种"大教育"愿景的形成。这一愿景的核心在于实现教育的普及化和个性化，确保教育资源的最大化利用和优化配置。具体而言，它涵盖以下几个方面。

在教育范畴的拓展上，"大教育"强调教育的全面性，包含学前教育、基础教育、职业教育、高等教育、特殊教育以及全民教育等多个阶段。这一理念倡导教育的无缝连接，确保每个阶段都能得到充分的教育资源和关注。

教育时间的延伸意味着教育不仅限于传统的全日制教育，还包括业余教育和终身学习。这种多样化的时间配置使得所有社会成员都能根据自己的时间和需要进行学习，提高了教育的可及性和灵活性。

在教育对象的普及上，"大教育"理念强调包容性，目标是覆盖从全日制学生到所有社会成员的教育，推动教育的普及和平等。

从教育机构的整合来看，现代的"大教育"打破传统的教育模式，推动学校教育、社会教育、家庭教育之间的有机融合。这种综合性的教育体系可以更有效地满足个体在不同生活阶段的学习需求。

在教育方式的创新上，通过采用多种教育路径和方法，如正规教育与非正规教育、集中式学习与自主式学习，以及利用闲暇时间的教育等，可以实现更加个性化和多元化的教育。

至于教育目的，"大教育"追求的不仅是技能培养和知识传授，更强调学习和教育在塑造个体、完善人性、促进全面发展方面的根本作用。这超越了教育作为谋生工具的传统观念，提升了教育的内在价值。

在教育体系的构建上，"大教育"主张形成家庭、学校、社会"三位一体"的教育网络。这种网络不仅强调教育机构的主导作用，同时也突出家庭和社会对教育的共同责任和参与，确保教育资源和努力的全方位整合。

大数据技术的融入正在将"大教育观"中的理论构想转化为具体可行的实践，增强了其现实可实施性。在职场中，知识管理的概念已被广泛接受和采纳，类似的趋势也在教育领域显现。以上海市为例，该市针对全民教育和终身学习的需求，已经构建了教育大数据服务平台。这一平台积累了丰富的数字教育资源，并收集了大量关于学习者行为和偏好的数据，旨在为数以百万计的学习者提供定制化的在线学习体验。

通过高效整合和分析这些数据，平台能够提升教育资源的共享性和利用率，实现精准的个性化教学，优化教学流程，并提高整体的教学质量。更进一步，这些数据分析结果也能为教育政策的制定和调整提供有力的决策支持。上海市的实践是基于大数据支持下的优质教育资源开发、积累、融合、共享的服务机制典范，通过结合个性化选择与推送，实现了一个全新的终身学习在线服务模式。

综合这些观察，可以预见，随着大数据在教育领域的深入应用，其积极影响和效益将日益凸显。大数据的开放性、服务导向性和智能化特征是推动教育"大平台"系统、"大服务"体系和"大教育"理念实现的关键因素，它们共同构筑了一个开放、自我循环、可持续发展的教育生态体系。

在这一体系中，通过实施免费开放、资源共享和交换等策略，可以提高各个主体（包括国家机构、社会组织、企业、教育机构以及学生和家长）对教育资源的利用率。这种提升将有效改善教育政策环境、市场条件和社会氛围，为智慧教育的推广和实施打造坚实的基础。此外，通过不断丰富和完善教育产品与服务体系，并将大数据技术深度融入，能够推动国家在教育决策制定的优化、区域教育的均衡发展、教学过程的智能化以及教育管理的精细化。这一全方位、多层次的发展战略不仅响应了不同群体在不同生命周期阶段的教育需求，也为构建一个可持续、长效的教育生态系统提供了可能。

第三节　大数据时代教学的发展要点

一、大数据变革教育的第一波浪潮：翻转课堂、MOOC和微课程

在大数据时代，教育领域经历了显著的技术革命和教学方法论的更新，其中特别值得注意的是翻转课堂、MOOC（大规模开放在线课程）和微课程三种模式的出现和发展。它们不仅代表了教育技术的进步，还反映了对教育质量和效率追

求的升级。

（一）翻转课堂触摸教育的未来

翻转课堂作为一种革新性教学模式，利用大数据和其他先进技术重新定义了课堂教学的时间和空间界限。在这种模式下，学生在课外通过观看视频讲座、参与互动学习等方式进行自主学习，而课堂时间则用于讨论、实践活动和个性化指导，大大提升了学生的参与度和教学的互动性。通过分析学生的学习数据，教师可以更精准地把握学生的个性化需求，制定符合其学习特点的指导策略，从而触及教育的未来发展趋势。

（二）MOOC 放大翻转课堂效应

MOOC 作为一种创新的在线学习平台，打破了传统教育的地域限制，为全球学习者提供了随时随地的学习机会。它不仅丰富了教育资源，而且通过大数据分析，可以收集和处理海量的用户数据，了解学习者的行为模式，优化课程内容和教学方法。MOOC 与翻转课堂相结合，可以放大翻转课堂的教育效应，为学生提供更广泛、更深入的学习资源和环境，促进教育公平和资源的优化配置。

（三）微课程响应翻转课堂和 MOOC 浪潮

微课程，作为响应翻转课堂和 MOOC 浪潮的教育资源形式，以短小精悍的课程单元满足学生快速、灵活的学习需求。微课程强调核心概念和技能的教学，使学习者能够集中注意力在特定的学习点上，避免了信息过载的困扰。在大数据的支持下，微课程可以根据学习者的互动情况和学习成果进行实时调整，提供更加个性化和精准的学习路径。

二、大数据促进信息化教学变革：新的资源观、教学观和教师发展观

在大数据时代背景下，教育领域正经历一场深刻的信息化教学变革，这不仅影响教育资源的配置和利用，也对教学理念和教师角色提出了新的挑战。具体来说，这种变革主要体现在新的资源观、教学观和教师发展观上。

（一）新资源观：变教师上课资源为学生学习资源

传统的教育资源观关注的是教师教学所需的资源配置，而大数据时代要求我们转变观念，将关注点放在满足学生学习需求的资源构建上。在这个新的资源观

下，强调将教学资源转化为学生的学习资源，这意味着资源的开发、采集和整合都应围绕学生的个性化学习需求进行。通过大数据技术，教育者能够分析学生的学习习惯、兴趣和能力差异，进而提供更加贴合个体需要的学习资源，实现教育资源的最大化利用和优化配置。

（二）新教学观：信息化教学前移

信息化教学的前移是指利用信息技术来重塑教学内容和过程，特别是将教学的重点从知识传授转移到学生学习能力的培养上。在这一过程中，教师的角色逐渐从知识的传授者转变为学生学习的引导者和学习资源的设计者。同时，大数据为教学提供了实时反馈，帮助教师及时调整教学策略，更加注重培养学生的创新能力、批判性思维和问题解决能力等。

（三）新教师发展观：新素养要求、新职能转型

在大数据时代，教师面临着由传统知识传授者向多元角色转变的挑战，这就要求教师拥有更高层次的教育技术能力、数据分析能力和创新设计能力。教师不仅要能够熟练应用信息技术来设计教学活动，还需要具备数据素养，能够分析和利用学生数据来优化教学过程。此外，教师还要具备终身学习的能力和精神，不断追求专业成长，以适应快速变化的教育环境。

三、大数据促进高职教育教学改革的关键

（一）明确教学目标为弹性化和科学化

在21世纪这个信息化快速发展的时代，高等职业教育面临着前所未有的挑战和机遇。大数据技术的崛起，为高职教育提供了新的视角和思考维度，特别是在教学目标的确立方面，需要一种更为弹性化和科学化的方法。

1.教学目标弹性化的必要性

高职教育作为职业教育体系的重要组成部分，承担着为社会输送实用型、技能型人才的任务。在传统教育模式下，教学目标往往是固定和统一的，难以满足不同学生个体差异和社会快速变革的需求。大数据时代要求教育目标的弹性化，这种弹性不仅体现在对不同学生差异的关注，也包括对行业需求变化的快速响应。

通过收集和分析学生的学习数据、行为数据，以及社会经济发展数据，教育者可以洞察学生的兴趣、特长和发展潜力，以及行业对人才的需求变化。基于此，

教学目标应该是动态调整的，能够及时适应外部环境的变化，这对提高教育的针对性和有效性具有重要意义。

2.教学目标科学化的路径

科学化的教学目标设定需要建立在数据分析的基础上。首先，教育者需要收集多维度的数据，包括学生的基本信息、学习历程数据、学业成就、职业倾向、行业发展动态等。其次，通过大数据分析工具，教育者不仅可以揭示学生的学习模式，预测学业发展趋势，还可以捕捉行业技能需求的最新信息。

在此基础上，教学目标的设定应遵循 SMART 原则，即具体（Specific）、可衡量（Measurable）、可达成（Achievable）、相关（Relevant）和时限（Time-bound）的。这意味着教学目标不仅要明确具体、可量化，而且要符合学生的实际情况和社会需求，有明确的完成时限。同时，应用大数据分析结果不断修正教学目标，确保其科学性和前瞻性。

3.实施策略和挑战

要实现教学目标的弹性化和科学化，高职院校需要构建一套完整的教学目标动态调整机制。这包括建立数据收集和分析系统，加强与行业的合作，确保信息的实时更新和准确性，以及提高教师的数据素养，使他们能够根据分析结果灵活调整教学计划。

然而，在实施过程中，也存在着数据安全和隐私保护、教师传统教学观念的转变、学校与企业合作机制的建立等挑战。这需要学校管理层的高度重视和全方位的支持，包括政策、资源和培训等方面，以确保改革的顺利进行。

综上所述，大数据为高职教育教学目标的弹性化和科学化提供了可能。通过数据驱动的教学管理，不仅可以提高教育质量和培养更符合社会需求的人才，也为学生的个性化发展提供了条件。在未来，这种以数据为基础的教学模式将成为高职教育的重要特征，对中国乃至全球的职业教育领域产生深远影响。

（二）教学情境要具备协调性和流畅性

高等职业教育在培养学生专业技能的同时，更需关注其实践能力和创新思维的培养。在此背景下，教学情境的构建成为教学过程中至关重要的一环。借助大数据技术，可以实现教学情境的个性化设计，创设更加协调、流畅的学习环境，从而提升教学效果和学生的学习体验。

1.教学情境协调性的重要性

教学情境的协调性指的是教学活动与学生的学习需求、背景知识、技能水平等多方面因素之间能够达成一种和谐统一的状态。在大数据支持下的高职教育中，教学情境协调性的实现主要表现在以下几个方面。

（1）情境与学生需求的匹配

通过分析学生的背景数据、学习行为、反馈评价等，教师能够了解学生的实际需求和兴趣，进而设计与之匹配的教学情境，提高教学的针对性和有效性。

（2）情境与专业技能的对接

大数据可以提供各行业最新的发展动态和技能需求，帮助教师构建与真实工作场景紧密联系的教学情境，确保学生所学技能的实用性和前瞻性。

（3）情境与资源的整合

大数据促进校内外教学资源的整合，使得教师可以在一个协调的情境中综合应用各种资源，包括线上线下资源、模拟实验资源等，丰富教学手段，拓展学习空间。

2.教学情境流畅性的策略

教学情境的流畅性是指教学过程的自然、顺畅，能够引导学生无障碍地进行学习活动。在大数据时代，教学情境流畅性的实现依赖于数据的实时处理和智能分析，具体策略包括：

（1）动态调整教学设计

教师应根据学生的学习反馈和表现，实时调整教学策略和内容，确保教学过程与学生的认知进度和心理状态相匹配，减少学习障碍。

（2）优化学习路径

利用大数据分析，教师可以发现学生的学习难点和偏好，进而为其设计最佳学习路径，提供适时的学习资源和辅导，减少学生的学习困扰，提高学习效率。

（3）智能化学习支持

结合人工智能技术，可以开发智能辅导系统，为学生提供实时的问题解答、学习建议等，确保学习过程的连贯性和深入性。

3.实施中的挑战及对策

尽管大数据技术为提高教学情境的协调性和流畅性提供了有效工具，但在实施过程中仍面临诸多挑战，如数据安全与隐私保护、教师专业发展、学校基础设施建设等。为此，需要采取以下对策。

（1）建立健全的数据安全保护机制，确保学生和教师的个人信息不被泄露或滥用。

（2）加强教师队伍建设，通过培训提高教师的数据素养和教学设计能力。

（3）投入必要的资源，改善学校的信息化基础设施，为大数据分析和智能化教学提供支持。

总之，大数据技术的应用使得高职教育的教学情境设计更加科学和人性化，有助于形成协调、流畅的教学环境。这不仅能够切实提高教学质量，培养学生的实践能力和创新精神，也将推动高职教育与社会需求、产业发展更加紧密地结合，培养更具竞争力的职业人才。在未来的教育实践中，如何更好地利用大数据等现代信息技术手段来优化教学情境，仍需教育工作者的不懈探索和实践。

（三）教学策略要具备合理性、灵活性

在当前的教育领域，特别是高等职业教育环境中，教学策略的选择和实施对于学生核心能力的培养及其未来职业发展具有决定性影响。大数据时代对教育系统提出了新的挑战，也为教学方法和管理提供了新的视角和工具。合理而灵活的教学策略构建，不仅有助于提高教学效率，更能满足学生多样化的学习需求，实现教育的个性化和精准化。

1.教学策略合理性的内涵及其重要性

教学策略的合理性是指在教学过程中，能够充分考虑和利用学生的先前知识、技能、学习风格以及情境因素，采用科学的教学方法，以达成预定的教学目标。在大数据背景下，教学策略的合理性具体表现在以下几个方面。

（1）数据驱动的教学决策

教师可以依托大数据分析结果，了解学生的学习进展、难点和兴趣，据此制订或调整教学计划，包括教学方法、内容和评估方式等，使之更符合学生的实际情况。

（2）以学生为中心的教学模式

大数据使得教师能够从宏观和微观层面把握学生的学习状态，有助于构建以学生为中心的教学环境，强调学生的主体地位，鼓励他们积极参与、探究学习，发展批判性和创造性思维。

（3）多维度的教学评估

传统的教学评估方式往往较为单一，而大数据提供的多源信息收集和分析能力，使教学评估可以包含更多维度，如学习过程、互动参与度、情绪反应等，更全面地反映学生的学习效果。

2.教学策略灵活性的实现途径

教学策略的灵活性指的是在教学过程中能够根据学生的反馈、学习效果及时调整教学方法、活动和评估方式的能力。在大数据支撑下，教学策略的灵活性可以通过以下途径实现。

（1）实时反馈和教学调整

通过学习管理系统等平台，教师可以实时获取学生在线学习的各类数据，及时了解学生的学习状况，根据学生的反馈和学习效果，灵活调整教学节奏、深度和重点。

（2）个性化学习路径设计

大数据分析可以揭示每个学生的知识掌握程度、学习风格和兴趣倾向，帮助教师为不同学生设计个性化的学习路径，包括不同的学习任务、资源和支持服务，以适应个体差异。

（3）情境化和任务驱动的教学活动

教师可以结合行业需求和实际案例，创建真实的学习情境，设计与之相关的任务型活动，鼓励学生通过实践、探究、合作等方式，解决实际问题，增强学习的针对性和深入性。

3.面临的挑战及应对策略

教学策略在追求合理性和灵活性的过程中，可能会遇到数据安全与隐私、教师角色转变、资源配置不均等挑战。因此，需要采取相应的策略来应对。

（1）确保数据的安全性和隐私性

加强对教育数据的管理和监控，建立严格的数据安全防护机制，合理规范数据的收集、存储、分析和使用过程，保护学生和教师的个人信息安全。

（2）促进教师的专业发展

通过培训、研讨、交流等方式，提高教师的数据素养，增强他们使用大数据进行教学设计的能力，引导教师从传统的知识传授者转变为学习的引导者、设计者和促进者。

（3）优化资源配置

加大投入，改善教育信息基础设施，提供必要的技术和教育资源，促进教育公平，确保每个学生都能享受到高质量的教育资源和服务。

总体而言，大数据技术的引入为高职教育提供了新的视野和可能，促使教学策略更趋合理和灵活。在此过程中，高职院校需要对教学策略进行持续的反思和创新，加强教师能力建设，确保数据的安全和隐私，以实现教学质量的不断提升和教育目标的有效实现。未来的教育实践和研究还需进一步探索大数据如何更有效地服务于教学策略的优化，以适应社会发展和产业升级的新要求。

第四节　职业教育发展现状

在教育范畴中，职业教育与高等教育是两种不同类型的教育，而非两种不同层次的教育。职业教育是社会发展和社会分工的产物，相对于高等教育，职业教育面向的是技能操作和技术岗位，具有较强的针对性、实用性、灵活性与实践性。职业教育是我国普通基础教育的重要补充，可以提升我国人民群众的平均技能水平，扩大人民群众的受教育渠道，促进个人职业发展，提高全社会生产力。实现职业教育现代化意义重大，关系到我国教育深化改革的成效。

（一）国外职业教育发展历程

从全球教育发展过程来看，职业教育的快速发展始于 1960 年左右，这一阶段的职业教育开始显现出鲜明的办学特色，慢慢赢得了社会的广泛认可，并逐渐成为各国高等教育结构中不可缺少的组成部分之一。在这之后，得益于快速发展的工业化进程，西方国家急需大批技术应用型人才，西方国家的职业教育飞速发展，并逐步形成了比较典型的四大模式，即北美的 CBE（competency based edueation）模式、德国的双元制模式、澳大利亚的 TAFE（Technical and Further Edueation）模式、英国的 BTEC（Business and Technology Education Council）模式。

1. 北美的 CBE 模式

1960 年开始，美国社区学院将职业技术教育与培训作为主要办学方向，由此得到了快速发展，并成为 1960—1970 年间美国高等教育人数增加的主要渠道。1980 年后，出于产业结构调整等方面的需要，美国政府开始加大职业教育改革力度，着重发展高中后的职业教育，并推出了"2+2"模式，即把高中段 2 年的职业教育作为高中后职业教育的准备阶段。鉴于社区学院的办学方向与办学特点，美国把社区学院作为实施"2+2"模式的主要载体。经过多年发展，美国社区学院已发展成为以职业教育和培训为主，兼顾继续教育、成人教育等多种职能的文化与教育中心，并逐渐成为美国高等教育"金字塔"的基础。

美国职业教育的培养模式主要是 CBE 模式，即"以能力为基础的教育"，该模式培育的人才属于"宽专多能型"。CBE 模式中，首先需要组成专业委员会，并由专业委员会确定某专业所应具备的知识和能力，然后由学校据此制定教学模块、教学大纲和教学内容。CBE 模式将原有的以传统的公共课、基础课为主导的教学模式转为以岗位群所需职业能力的培养为核心的教学模式，已被广泛应用于美国、加拿大等国的职业教育中。

2. 德国的双元制模式

1960 年左右，为了满足经济起飞对高职人才的大量需求，德国联邦政府设立了一种与传统大学并行的新型高等教育机构——高等专科学校。大部分德国高等专科学校由原德国工程师学校及其他中等职业学校升格、改制而成，因而具有重视实践教学、以培养各类技术型人才为目标等职业教育特色。德国通过《联邦职业教育法》《企业基本法》等相关法律规范和约束职业教育，发挥了职业教育的作用，巩固了职业教育在德国国家教育系统中的地位。

"双元制"以就业为导向，以职业学校和企业为并列培训主体，是德国职业教育成功的关键。在德国的教育体系中，普通教育和职业教育相互独立、并行，超过 75% 的初中生毕业后直接进入职业学校或企业接受"双元制"教育培训。一般来说，学员每周在职业学校开展 1~2 天的理论学习，在企业里开展 3~4 天的实践学习。以融合职业院校学习与企业实践为主要目标的"双元制"已被广泛应用于德国，且取得了较好的效果。

3. 澳大利亚的 TAFE 模式

AQF（The Australian Qualifications Framework）是澳大利亚的全国性的学历框架体系，该体系涵盖了基础教育、职业教育、高等教育等各个层次的学历教育，学生通过 AQF 可以从一个学历资格进入下一个学历资格，也可以从一所学校转到另一所学校。

TAFE 学院是澳大利亚的职业教育培训体系，也是全球最成功的特色鲜明的教育体系之一。TAFE 学院是 AQF 的重要组成部分，其课程和学历在澳大利亚具有很高的认可度。TAFE 学院以"满足学习者的学习需求和企业界用人标准的需求同样重要"为培养理念，培养的学生"毕业即就业"。TAFE 学院与各个行业共同开发课程，课程内容与行业需求紧密相连。TAFE 学院有与产业界联系的专门渠道，能迅速把新需求反映到课程中，且所有课程会及时、定期更新，目的就是培养出社会各个行业真正需要的人才。

4. 英国的 BTEC 模式

BTEC 即英国商业与技术教育委员会。BTEC 成立于 1986 年，由 BEC（商业教育委员会）和 TEC（工艺技术教育委员会）合并而成，是经英国资格与课程委员会批准成立的机构，有权颁发职业资格证书，主要负责课程开发与职业资格的鉴定、开发、发证等，专注于人才培训和职业教育，特别是专业能力和通用能力的培养。BTEC 开发的课程称为 BTEC 课程，采用的教学模式称为 BTEC 模式。

BTEC 课程涵盖了商科、应用科学、艺术与设计、计算机与信息技术、工程类、建筑类、传媒类、公共服务、旅游、体育等 16 个行业。BTEC 课程综合考虑通用能力、专业技能、人文素养、人际沟通、就业等方面，明确规定课程的专业能力、教学目标及教学时间，严格区分学生自学时间和教师教课时间，其中学生进行活动、调研、设计和实践等的时间大概占据总时间的 2/3，教师课堂讲解时间大概占 1/3，以充分调动学生的自主学习能动性。BTEC 课程的考核使用的是内审和外审相结合的制度，对学生的考核主要以课业考核为主。BTEC 的标准课程在世界各国均适用，学生完成 BTEC 课程后，能获得具有国际水准的且在英国普遍承认的国家高等教育文凭。

BTEC 证书是国际公认的应用技术和职业技能资格证书，种类多达 2000 种，可大致分为 3 个等级：①BTEC Firsts，即入门级到 2 级证书（Entry level to Level 2），等同于初中（英国 GCSE），对象为 13~15 岁学生；② BTEC Nationals，即 3 级证书（Level 3），等同于高中（英国 A-level），对象为 16~17 岁学生；③ BTEC Apprenticeships，即 4 级到 5 级证书（Level 4-level 5）。BTEC 证书和就业高度相关，完成对应的课程后，可以直接就业，也可以继续就读英国大学本科学位。

（二）我国职业教育发展历程与现状

迄今为止，我国职业教育发展大体经历了三个阶段：第一阶段是从 1949 年新中国成立到 1991 年的奠基式发展阶段，这是我国职业教育的 1.0 时代；第二阶段是从 1992 年我国确定了建立社会主义市场经济体制的改革目标后到 2013 年，这是我国职业教育规模化发展的 2.0 时代；第三阶段是 2014 年国务院印发《关于加快发展现代职业教育的决定》至今，这是我国职业教育进入内涵式发展的 3.0 阶段，标志着我国职业教育从规模发展走向重质量发展。

2000 年前，我国现代职业教育共经历了三次重要会议：1986 年的全国职业技术教育工作会议、1991 年的全国职教会议及 1996 年的全国职教会议。这三次会议明确提出了健全职业教育体系、加强职业教育内部建设、提高职业教育办学效益、提升职业教育质量的目标与要求，极大推动了我国职业教育在"量"上的发展与积累。2000 年后，我国职业教育从重"量"转向重"质"，开启了现代化职业教育发展新征程。70 年来，我国职业教育创造了伟大成绩，建成了世界最大规模的职业教育，形成了世界区域面积最大的职业院校布局，培养了世界上最大规模的职业教师队伍，提供了数以千万计的专业技术技能人才，为我国经济转型和产业升级提供了人才支撑。

当前，我国职业教育规模持续扩大，招生人数稳步增长，专任教师队伍不断壮大，高等职业教育招生人数占高校招生人数一半以上，教育财政投入力度加大，教育规模效益明显提高，但仍存在着人才培养模式不适应经济发展、管理体制不完善、教育质量有待提高、各等级职业教育间的沟通衔接不够、师资力量有待进一步加强、经费不足等问题。未来，在促进我国职业教育高质量发展之路上，需要建立具有中国特色现代职业教育理论、制度、体制、机制、模式等体系，坚定职业教育文化自信，完善职业技术教育、高等教育、继续教育统筹协调发展机制，系统培养技术技能人才，构建服务全民终身学习的职业教育体系，以及大力开展职业教育治理体系和治理能力现代化的研究。

第五节 大数据时代下高职教育教学的具体变革策略

一、全面结合高职教育教学的特点

高等职业教育在教育体系中占有特殊的地位，它直接对接社会经济发展的第一线，强调实用性、技能性与应用性。因此，大数据时代对高职教育的影响也具有其独特性。高职教育在大数据浪潮中的教学改革，需要全面结合其教学的核心特点，从而更好地服务于社会和产业发展。

（一）实践性与应用导向的课程体系调整

高职教育区别于普通高等教育最显著的特点是其强烈的实践性和应用导向。在大数据时代，高职院校需要对现有课程体系进行深度调整。这种调整主要体现在对专业设置的实时更新和对课程内容的实时修订上，确保教育内容与市场需求、行业标准和技术进步保持同步。大数据提供了行业动态、就业趋势等宏观信息，帮助高职院校捕捉到最新的技术变革和行业需求，使课程体系和教学内容保持时效性和前瞻性。

（二）产教融合与校企合作的深化

高职教育的另一个特点是产教融合，即教育与产业的深度结合。大数据时代提供了更加丰富、精准的行业数据，使得校企合作可以更加具体和精细化。通过大数据分析，可以精准掌握各行各业的人才需求、技能短缺、项目合作等信息，推动校企深度合作，共同制订教学计划，合作开展实训、实习、实践活动，甚至共建教育基地和研究中心。这种基于数据的合作模式，不仅能确保学生技能的实用性和市场对接性，也有助于学校教育资源的优化配置和社会效益的最大化。

（三）灵活的教育路径与多元化学习模式

高职教育注重培养学生的实际操作能力，强调灵活的教育路径和个性化的学习计划。在大数据支持下，高职院校可以构建一个更加开放、灵活的教育平台，提供多样化的学习资源和自主学习的空间。例如，学生可以根据个人兴趣和职业规划，自主选择课程、实习项目和技能认证，构建符合个人发展需要的学习路径。同时，学校也可以提供在线开放课程、远程实训、行业导师辅导等多元化学习模式，打破传统教育的时空限制，满足不同学生的个性化学习需求。

（四）教育精准化与服务个性化

高职教育面向的是一个非常广泛的学生群体，他们的背景、兴趣和学习能力各不相同。大数据技术使得教育精准化成为可能，高职院校可以通过分析学生的学习历史数据、行为特征、能力偏好等，提供更加精准、个性化的教育服务。比如，为不同基础的学生提供差异化教学，为有特定技能偏好的学生提供专业导向的实训，为不同发展目标的学生提供个性化的职业规划和就业指导。

二、深化高职教学方法的创新

在当前大数据的背景下，高等职业教育（高职教育）面临着教学方法创新的必要性和紧迫性。高职教育本质上是应用性、技能性较强的专业教育，它要求学生不仅掌握理论知识，更要具备实际操作能力和问题解决能力。传统的教学方法已经难以满足这一要求，因此，深化高职教学方法的创新成为提高教学质量、培养高素质技术技能人才的关键。具体策略包括：

（一）项目导向学习法

项目导向学习是一种以学生中心的教学模式，它通过在真实或仿真的情境中完成项目，让学生在解决问题的过程中学习知识、技能。在高职教育中，可以设计与专业实际紧密相关的项目，如模拟企业运作、产品设计、工艺改进等，让学生在项目实施的全过程中实际操作、团队协作、问题解决，从而达到知行合一、学以致用。

（二）情境模拟教学法

情境模拟教学法是通过模拟真实工作场景，创建一个互动性强、情境真实的学习环境，使学生在参与角色扮演、情境模拟中获得经验，提高实际操作能力和决策能力。例如，可以设置虚拟的工厂管理场景，让学生扮演工厂经理、技术员、操作工等不同角色，通过模拟实际工作情境来解决实际问题。

（三）合作学习法

合作学习法强调学生之间的互动合作，通过小组形式完成学习任务，以提高团队合作精神和集体荣誉感。在高职教育中，可以将学生分为不同的学习小组，针对实际的工程问题、技术难题，开展合作研究、合作探讨，每个成员在小组中承担不同职责，共同完成任务。

（四）微格教学法

微格教学是指将复杂、庞大的学习内容分解为较短的、完整的学习单元，让学生在短时间内集中注意力，完成高强度、高效率的学习。这种教学方法适用于高职教育中某些理论密集、技能操作性强的课程，可以提高学生的学习兴趣和学习效率。

（五）实践反思教学法

实践反思教学法是指学生在实践活动中，通过记录、分析实践经验，进行反思、提炼、总结，不断修正和完善自己的知识体系和技能操作。这种以实践为基础、以反思为手段的教学方法，特别适用于高职教育，可以培养学生的自我监控能力和自主学习能力。

三、促进高职教学内容的改革

高等职业教育（高职教育）在当代教育体系中占据了不可替代的地位，它针对性地解决了社会对技术技能型人才的需求。随着经济的快速发展和产业结构的不断调整，市场对职业技能人才的需求也在发生深刻变化，这就要求高职教育在教学内容上进行相应的创新，以适应社会发展的需要。在大数据时代背景下，高职教育教学内容的创新主要体现在以下几个方面。

（一）与产业发展同步的课程设置

高职教育是职业教育和高等教育的结合点，它更加侧重于实用技能的培养和行业需求的满足。因此，教学内容的更新应紧跟行业发展和技术革新的步伐。大数据时代要求我们重新审视传统行业的发展路径，以及新兴行业的技能要求，如数据分析、云计算、物联网等领域。高职院校应及时调整和优化课程结构，设置与这些新技术、新行业相关的课程，为学生提供与时俱进的知识体系。

（二）加强实践性、操作性内容教学

高职学生的最终去向是社会的各个行业，他们需要的不仅仅是理论知识，更多的是实际操作能力和现场解决问题的能力。因此，在教学内容上，除了基础理论教育之外，更应强化实践教学。例如，可以增加模拟实训、项目实作、工厂实习等内容，强化学生的动手能力，培养学生的实际工作技能。

（三）引入跨学科的综合素质教育

在当前社会，单一技能已经难以满足工作的需要，尤其是在快速发展的大数据领域，往往需要多学科知识的综合应用。因此，高职教育的教学内容中应融入更多跨学科元素，如将数据科学与传统制造业相结合、将互联网技术与服务业相结合等，培养学生的复合型、综合型技能。

（四）着重未来技能的预见性教育

技术的迅速发展和职业形态的不断变化意味着许多未来的职业和技能需求尚未显现。高职教育需要在教学内容中加入对未来技能的预见和培养，比如创新思维、批判性思考、团队协作能力、数字素养等，这些都是未来职场所必需的通用技能。

（五）强化以就业为导向的教学内容优化

高职教育的一个重要目标是促进学生的就业，因此教学内容的设置和优化都应以就业市场为导向。这需要教师和教学管理者密切关注劳动力市场的动态，了解行业对人才的具体需求，进而反映到教学内容的设计和实施上，确保学生毕业时所拥有的技能和知识是市场需要的。

四、推进高职院校信息化平台的构建

在大数据时代背景下，信息技术已深入影响并渗透到教育教学的各个领域，特别是在高等职业教育（高职教育）领域，信息化平台的构建成为提升教学质量、拓宽教育资源、实现教育公平的重要支撑。对于高职院校而言，信息化平台不仅仅是技术支持的延伸，更是教育教学创新的有效载体。以下几个方面是高职院校在信息化平台构建中的关键考量。

（一）构建与职业技能培养相结合的教学资源库

高职教育强调职业技能和实践能力的培养，这就要求信息化平台要有大量与实际操作、实习实训相关的数字化教学资源。这些资源可以是模拟操作视频、虚拟实验室、行业软件操作教程等，让学生在接触到最新行业信息的同时，能够随时随地进行实践操作学习。

（二）发展面向产教融合的信息交流平台

产教融合是高职教育的一大特色，高职院校需要加强与企业的合作。信息化平台应该提供一个交流的场所，让教师、学生能够直接与企业交流，了解最新的行业需求、技术动态等，同时也为企业提供一个可以介入教学、指导实训的途径，实现校企资源的共享。

（三）建立学生学习行为分析系统

高职学生群体具有较大的差异性，如何根据每个学生的特点进行个性化教学，是信息化平台需要考虑的问题。通过构建学生学习行为分析系统，教师可以根据学生在平台上的学习行为，如学习时间、频率、成绩等，进行数据分析，找到每个学生的学习特点和不足，进而实施针对性教学。

（四）利用大数据优化课程体系结构

课程是教学的核心，如何设置、调整课程，是高职院校需要不断探索的问题。信息化平台的大数据分析功能可以帮助教育管理者了解各个课程的学习情况、就业对接情况等，将其作为优化课程体系、调整课程内容和教学方法的重要依据。

（五）强化平台的安全性和隐私保护

在信息化平台上，学生的个人信息、学习记录、行为数据等都需要得到有效保护。高职院校要建立严格的数据安全保护制度，确保学生信息的安全，同时也要尊重和保护学生的隐私。

综上所述，高职院校信息化平台的构建是一个系统工程，它需要教育者对教学内容、教学方法、学生需求等多方面进行深入了解和综合考量。在大数据时代，这个平台不仅仅是技术的应用，更是教育思想和教育模式更新转变的重要标志，对提升高职教育教学质量、培养高素质技术技能人才具有重要意义。

第三章　大数据时代下的高职信息化教学设计与工具

第一节　高职信息化教学设计

一、授导型教学设计

（一）传统的传授型教学逐渐向授导型教学转化

在大数据的浪潮下，教育领域正经历着前所未有的变革。尤其在高等职业教育领域，传统的教学模式正在经历深刻的转型。过去，高职教育更多依赖传授型教学，即教师传授知识，学生被动接受。然而，随着技术的发展和社会需求的变化，仅仅依靠传统传授型教学已无法满足学生的学习需求和社会的技能要求。

在大数据时代，信息的获取变得极为容易和快速，学生不再完全依赖教师传授知识。教育的重心需要从"教"转向"学"，强调学生的主体地位和自主学习能力的培养。这种转变催生了授导型教学的出现和发展，即教师不再是知识的传授者，而是学生学习的引导者和促进者。授导型教学强调教师与学生之间的互动，鼓励学生主动探索和实践，教师的角色也更加倾向于指导者、协助者和学习伙伴。

（二）授导型教学设计的特点

授导型教学设计在高职教育中的应用，体现了几个显著的特点。

首先，它强调知识与技能的整合。不同于传统教学中知识和技能的割裂，授导型教学要求教师在教学中融合理论与实践，使学生在理解知识的基础上，能够将知识应用于实践之中。

其次，授导型教学注重过程而非结果，强调学生的参与和体验。在这一模式下，教师需要设计各种情境任务，引导学生通过实践活动来探索问题、解决问题。

再次，反思和评价是授导型教学的关键环节。教师不仅要引导学生进行知识的探索和技能的实践，还要鼓励学生对自己的学习过程和结果进行反思，通过不断的自我评价和教师的形成性评价，实现对学习效果的优化。

最后，授导型教学设计强调教学的灵活性和开放性。在教学过程中，教师需要根据学生的反馈和学习情况，灵活调整教学策略和内容，实现教学的个性化和差异化。

（三）高职教学应用授导型教学设计的优势

在大数据时代背景下，高职教育采用授导型教学设计具有多方面的优势。

1.促进学生核心素养的培养

高职教育强调学生实际技能的获取和职业素养的培养。授导型教学强调的参与性和实践性，使学生在实践中学习和解决问题，更有利于核心素养的培养，如问题解决能力、团队合作能力、创新能力和批判性思维等。

2.强化教育的个性化

大数据为我们提供了前所未有的学习个体数据，使得教师能够更加精准地把握每一个学生的学习状态和需要。授导型教学设计借助大数据，可以实现教学策略的个性化，更精准地满足不同学生的学习需求，提高教学效果。

3.提升学生的学习积极性

授导型教学以学生为中心，强调学生的主动参与和自主探索。在这种教学情境下，学生通常会表现出更高的学习积极性和主动性，学习效果也会随之提高。

4.与产业需求的对接更为紧密

高职教育注重教育与产业的结合。授导型教学通过情境模拟、项目实训等方式，能够让学生更直接地接触到行业的实际情况，理论知识和实践技能的结合也将更加紧密，教学内容与产业需求的对接也更为精准和有效。

二、探究型教学设计

（一）探究型教学设计的特点

探究型教学，作为一种以学生中心的教学策略，在高等职业教育的背景下显得尤为关键。这种教学法倡导学生通过自我探索、研究和实践来获取知识和解决问题，它反映了教育从"填鸭式"向更加灵活、主动的学习模式的转变。在大数据时代，探究型教学设计在高职教育中展现了以下几个显著特点。

1.学生主导

探究型教学强调学生的主动性和参与性。学生不再是被动接受者，而是知识的积极寻求者和问题的解决者。教师主要扮演引导者和支持者的角色，帮助学生设定研究目标，提供必要的资源，并协助学生解决在探究过程中遇到的问题。

2.过程导向

此模式注重学习过程而非仅仅关注结果，鼓励学生通过实践、试错、反思和讨论来学习。这种过程不仅有助于知识的深入理解，还能培养学生的批判性思维、创新能力和协作技能。

3.真实场景应用

探究型教学通常与现实情境紧密结合，使学生的学习活动更接近真实的工作环境。通过案例研究、项目管理、现场调查等活动，学生可以在实际情境中运用他们的知识和技能，加深对学科内容的理解。

4.技术整合

在大数据背景下，探究型教学能够有效整合各种教育技术工具。利用数据分析、虚拟现实、在线协作平台等技术，学生可以获取更广泛的信息资源，进行更深入的数据分析，以及与更广泛领域的专家和同行交流。

（二）高职教学应用探究型教学设计的优势

高职教育特别强调专业技能和实践能力的培养，探究型教学法恰恰与这一要求相契合，具有以下优势。

1.增强实践技能

通过亲身参与研究项目或问题解决，学生可以在实际应用中锻炼其专业技能，这种"学以致用"的过程对于职业技能的增强尤为关键。

2.提升综合素质

探究型教学不仅仅是对专业知识的学习，更是对问题解决、团队协作、沟通能力等职业素养的培养。这些都是学生将来步入职场所不可或缺的综合素质。

3.满足未来就业需求

当前的劳动力市场需要能够独立思考、主动解决问题的人才。探究型教学培养学生的自主学习能力和适应性，使他们能够更好地适应不断变化的未来就业市场。

4.利用大数据资源

在大数据时代，有着丰富的线上资源和数据可用于教学。教师和学生可以利用这些资源进行深入的数据分析和研究，从而得出更加精确、有说服力的结论。

（三）探究型教学设计中应注意的问题

虽然探究型教学有着明显的优势，但在设计和实施过程中，教师也需要注意以下几个问题。

1.学生准备不足的挑战

并非所有学生都已经准备好承担主动学习的责任。对于那些习惯了传统教学方式的学生，突然转向完全自主学习可能会感到不知所措。教师需要评估学生的准备情况，并提供必要的指导和支持。

2.评估的复杂性

探究型学习强调过程而非产品，这可能会给学生的评估带来挑战。传统的评分系统可能不适用，教师需要发展新的评价方法来全面、公正地评估学生的学习。

3.资源的限制

高质量的探究型学习可能需要访问特定的数据库、使用专业的分析工具或与外部专家合作。不是所有教育机构都能提供这些资源，可能会限制探究活动的质量和深度。

4.数据隐私和安全问题

在大数据时代，信息的安全和隐私成为重要考虑。学生在网上进行研究和交流时，必须了解数据保护的重要性，并在教师的指导下采取适当的安全措施。

第二节　信息化教学工具

在大数据时代，信息化教学工具在高等职业教育中扮演着越来越重要的角色。顺应时代发展的需要，高职院校必须充分利用现代技术，实现教育教学的信息化、智能化，以提高教学质量和培养学生的实践能力。以下将从不同的角度探讨信息化教学工具在高职教育中的应用。

一、大数据分析工具

在当代教育环境中，高等职业教育（高职教育）正面临着前所未有的挑战和机遇。随着第四次工业革命的到来，大数据、云计算、人工智能等新兴技术正深刻影响着教育体系的各个方面。在这样的背景下，大数据分析工具以其独特的优势，成为推动高职教育信息化进程的重要力量，不仅重塑了教与学的方式，更对教育质量评估、教学管理，以及教学决策过程产生了深远影响。

首先，大数据分析在优化高职教育教学评估方面展现出强大能力。传统的教学评估依赖于标准化测试和教师主观评价，往往忽视了学生个体差异和复杂的学习过程信息。大数据分析工具能够收集和处理学生在学习过程中生成的海量数据，如在线学习平台的互动记录、学习资源的使用情况、学习路径选择等，这些数据能够被转化为评估学生综合能力的多维度指标，从而实现更为全面和客观的评估。例如，通过大数据分析，教师能够发现哪些教学内容是学生普遍感到困难的，哪些学习资源是最受欢迎的，从而针对性地调整教学策略和资源配置。

其次，大数据分析在促进高职教学个性化和精准化方面具有显著效用。每个学生都有独特的学习背景、兴趣和学习方式，大数据分析能够帮助教师深入理解每个学生的学习特点和需求。基于学生的学习数据，教师不再提供"一刀切"的教学方案，而是能够设计出符合个体学习特征的课程路径、教学活动和学习任务。在此基础上，个性化学习计划和精准教学成为可能，大大提升了教学的有效性和学生的学习满意度。

再次，大数据分析在高职教学管理和决策优化中扮演着关键角色。传统的教学管理和决策依赖于经验判断和简单的数据分析，往往缺乏科学依据。而大数据分析能够实现对教学全过程的实时监控和深入分析，为教学管理提供了有力的数据支持。教学管理者可以根据数据分析结果，及时发现教学过程中存在的问题，如教学资源的不均衡使用、教学方法的不合理性等，从而做出更加合理的决策。同时，大数据分析还能预测教育发展趋势，为高职院校的长期发展战略提供参考。

最后，大数据分析在促进高职教育与产业界合作中展现出巨大潜力。高职教育强调职业技能的培养和实践能力的提升，与企业和行业的紧密合作是其特色之一。通过大数据分析，高职院校能够准确把握行业需求变化，及时更新课程体系和实训内容，保证教学的实用性和前瞻性。同时，大数据分析有助于构建校企合作的信息桥梁，加强双方在人才培养、科研项目、技能认证等方面的合作，提升教育的社会服务功能。

综上所述，大数据分析作为信息化教学工具，在高职教育中不仅能够提升教学质量和效率，更能够实现教学过程的科学化、精准化和个性化。它改变了教师的教学评估、教学设计、教学管理和教学决策方式，对高职教育的持续优化和发展起到了推动作用。然而，我们也应看到，在实际应用中还需要克服数据隐私、数据安全等挑战，确保大数据分析工具的健康、合规应用。在未来，大数据分析将持续深化其在高职教育中的应用，为培养更多适应社会和产业发展的高素质技术技能人才打下坚实基础。

二、虚拟仿真技术

在教育技术的不断发展与进步中，虚拟仿真技术已经成为当代高职教育领域中不可或缺的教学手段之一。它通过创建三维、高度逼真的互动学习环境，改变了传统教学模式，提供了一种沉浸式的、风险较低的学习方式。在大数据时代，这种技术与数据驱动的教学策略相结合，为高职教育提供了前所未有的教学深度和广度。

首先，虚拟仿真技术弥补了高职教育中实践教学资源的不足。高职教育注重学生实践技能的培养，但由于实训基地、设备等资源的限制，学生的实践机会往往受到限制。虚拟仿真技术能够构建各种专业领域的仿真实验、操作环境，让学生在没有风险的情况下进行无限次数的实践，加深对专业知识和操作技能的理解和掌握。在大数据的支持下，这些虚拟环境可以实时更新，反映行业的最新标准和技术，保证了教学内容的前瞻性和实用性。

其次，虚拟仿真技术提高了高职教学的互动性和吸引力。传统的课堂教学由于其单向传授的特点，往往难以调动学生的学习积极性。而虚拟仿真环境提供了丰富的视觉、听觉元素，创建了各种真实情境，使学生能够主动参与到学习中。大数据技术的应用，使得这些环境更加符合学生的个性化需求，如根据学生的学习进度和特点调整难度、提供针对性指导等，极大地提高了学习效率。

再次，虚拟仿真技术加强了高职教学的评估功能。在传统教学中，教师通常通过考试、作业等方式了解学生的学习情况，但这些方式往往难以全面反映学生的实践能力。虚拟仿真技术可以记录学生在仿真环境中的每一个操作过程，配合大数据分析，教师可以从多个维度评估学生的操作规范性、问题解决能力等核心素养，更加科学地评价学生的实践能力。

最后，虚拟仿真技术优化了高职教学的资源管理。在大数据时代，教学资源的管理不仅包括传统的教材、设备，还包括大量的教学数据。虚拟仿真环境作为一种数字化资源，可以实现快速复制、共享，降低教学成本。同时，大数据技术可以分析各类资源的使用情况，帮助管理者合理配置资源，提高使用效率。

综上所述，虚拟仿真技术与大数据技术的结合，为高职教育带来了一场革命，它不仅丰富和拓展了教学方法，提高了教学质量，还为学生提供了更多元、更高效的学习体验。在未来，随着技术的不断进步和教育理念的更新，可以预见，虚拟仿真将成为高职教育标准化、个性化教学的重要支撑，对培养学生的创新能力和实践能力起到关键性的作用。

三、在线协作平台

在当今教育的数字化浪潮中，特别是在大数据时代的背景下，高等职业教育正面临着前所未有的变革。其中，在线协作平台因其独特的优势，已经成为推动高职教育教学活动、提升教育质量的重要力量。在线协作平台突破了传统教学的时空限制，提供了一个灵活多样、互动合作的数字化学习环境，这对于实践技能训练和团队合作能力培养尤为重要的高职教育意义重大。

在线协作平台允许学生和教师在虚拟空间同步进行各种教学活动，如实时讨论、共享文档、群组写作等，这种同步性使得信息交流更为即时、有效，大大提升了教学的互动性和参与感。在大数据的支持下，这些平台能够收集和分析用户的数据，如登录频率、资源使用情况、互动状况等，帮助教师了解学生的学习行为和习惯，从而进行更有针对性的教学设计和干预。

更重要的是，高职教育特别强调实践能力和团队协作精神的培养，而在线协作平台正好提供了一个可以模拟真实工作环境的场所。在这里，学生可以参与到各种项目中，实践他们的专业技能，同时学习在团队中分工、沟通、解决问题。特别是在当前的大数据背景下，学生还可以学习如何在项目中有效地利用数据，进行数据收集、分析和决策，这些都是现代职场所必需的技能。

此外，针对高职教育中的企业实习和学校教学的衔接问题，在线协作平台也展现出其独特的优势。通过平台，企业可以直接参与到学生的学习过程中，提供实习项目、指导意见等，使学校教学和企业需求能够更好地对接。同时，大数据也能为学校和企业提供支持，例如分析学生的实习表现，预测行业需求变化等，帮助双方做出更合理的决策。

在线协作平台还促进了资源的优化利用和共享。在大数据时代，不仅有数量庞大的教学资源可以使用，而且这些资源的管理、分配也更加智能和高效。通过在线协作平台，教师和学生可以随时获取和共享各种资源，包括课程材料、最新研究、行业报告等。大数据技术还可以帮助分析这些资源的使用情况，指导资源的更新和优化。

同时，我们也不能忽视在线协作平台在教育公平性方面的贡献。它使得更多地区、更多背景的学生都能够获得高质量的教学资源和服务，缩小了不同群体之间的教育差距。在大数据的帮助下，平台可以分析不同学生的学习需求和背景，提供更个性化、更公平的教学支持。

第四章　大数据时代下的信息化教学模式

第一节　信息化教学模式概述

在大数据时代，对信息化教学模式的研究和推广，将是推动高等教育信息化进程的必由之路。但大数据环境下的信息化教学模式研究是复杂的系统工程，信息化教学是动态化教学过程，其发展受到诸多因素的影响，应与时俱进地探讨信息化教学模式的实施路径；但有效地运用大数据理念来开展信息化教学是时代发展需要，也是高教改革发展的必经之路。

一、教学模式认知

当前，教育技术领域研究的一项重要命题，就是如何应用现代教育技术创新教学模式。传统教学论中对教学模式有过先期研究，但是，随着信息化教学的开展及现代教育技术学科的发展，人们更多地想从技术应用的视角来创新教学模式。对于教学人员来说，创新教学模式，就必须全面把握教学模式的内涵和构成要素，才能以此为依据指导实践创新。

（一）什么是教学模式

教学模式作为教学论研究的一个分支，自从 1972 年美国学者乔伊斯和威尔创作《当代西方教学模式》并随之引入教学论研究领域以来，已逐渐发展成为教育研究中不可或缺的一个部分。尽管 20 世纪 80 年代中国教学理论界开始关注并研究教学模式，这一领域至今仍在不断发展之中，但围绕"教学模式究竟为何物"这一问题，学界尚未形成统一的共识。

教学模式的复杂性和多样性，以及研究者不同的理论立场和分析视角，共同导致了对教学模式定义的多元化。英国传播学家丹尼斯·麦奎尔从结构和过程的关系出发，指出模式揭示了任何结构或过程的基本元素及其相互关系。而美国比较政治学家比尔和哈德格雷夫则强调，模式是对现实的理论性、简化的再现，具有三个显著特点：一是模式反映现实，是现实的抽象概括，用以指导现实的变革；二是模式展现理论性的品质，区别于工艺性的方法或方案；三是模式体现简约，通过理性的高度抽象，以清晰简明的方式呈现。

基于上述理论，我们可以将教学模式理解为基于特定教育理论和丰富教学经验，旨在实现明确教学目标的教学结构理论体系，及其相应的实践活动方式。这种理论构造描述了教学活动中各要素的稳定关系和简约形式。简而言之，教学模式是在特定教育理论指导下，依托丰富的教学经验，为达成特定教学目标和内容而构建的稳定而简明的教学结构理论体系及其对应的实践活动方法。

为了深入理解教学模式的概念，需要从教学模式的本质特征出发，把握教学模式在理论与实践、内容与形式之间的统一。这一点主要体现在以下三个方面。

1. 从教学理论层面看

从教学理论层面来看，教学模式是一种教学结构理论。它不仅受到教学理论的指导，而且揭示了构成特定教学活动的理论基础，为从理论角度认识和掌握教学模式提供了重要途径。

2. 从教学实践层面看

在教学实践层面，教学模式表现为可操作的实践活动方式。它基于教学实践经验，并展示了适用于特定教学活动的教学方法、程序、步骤等，为教学模式的实际应用提供了操作性的指导。

3. 教学模式是教学理论与教学实践的中介和桥梁

教学模式在理论与实践之间的中介角色尤为关键，它既不是孤立的理论堆砌，也不是无根之木的实践操作，而是两者的有机融合。一方面，教学模式将抽象的教学理论转化为易于理解和操作的框架，为教师提供了实施教学的"脚手架"，使理论的指导意义得以具体体现；另一方面，实践中的反馈与经验又不断丰富和完善教学模式，促使理论得到修正与发展。教学模式的这种双向互动特性，不仅促进了理论与实践的动态平衡，还推动了教学法的持续创新与优化。

（二）教学模式的基本构成和特征

1. 教学模式的基本构成

（1）理论基础

教学模式之所以能够建立和发展，离不开其深厚的理论基础，这包括一系列的教学理论和教学思想。理论基础不仅为教学模式提供了形成的先决条件，也指导了教学模式的实际应用。在不同的教学理论指引下，可以衍生出多种具有独特特点和操作方式的教学模式。因此，教学模式的多样性是教学理论多元性的直接反映。

（2）教学目标

教学目标是教学模式构建的核心，它明确指出了教育活动预期实现的具体效果。这一目标不仅是设计教学模式的出发点，也是衡量教学成效的重要指标。教学目标的制定必须考虑教学内容、学生特点、教学环境等多种因素，确保其科学性和可实现性。

（3）操作程序

教学模式包含一套明确的操作程序，这是教学活动能够有序进行的保证。操作程序详细规定了教学的各个阶段以及每个阶段的具体任务和操作方式。它必须灵活多变，能够根据教学内容、学生反应、教学环境等因素进行适时的调整。

（4）实现条件

教学模式要发挥预期效能，必须具备一定的实现条件。这些条件涵盖了教师素质、学生基础、教学资源、时间空间布局等多个方面。只有当这些条件得到满足时，教学模式才能在实际教学中得到有效应用并实现既定的教学目标。

（5）教学评价

教学评价是对教学效果进行分析和反思的过程，是教学模式不可或缺的组成部分。它需要根据教学目标、教学过程和学生表现来设定评价标准和选择评价方法。教学评价的目的是及时了解教学效果，为教学调整提供依据，促进教学模式的不断完善。

2. 教学模式的特征

教学模式作为一种反映和再现教学活动现实的理论性、简约性的表现形式具有以下几个基本特征。

（1）完整性

教学模式作为一种教学活动的理论性表现形式，其首要特征在于完整性。这意味着教学模式必须具备完整的结构和明确的运行要求，以确保在教学实践中能够得以有效应用。教学模式不仅应包含教学目标的设定，还应明确教学方法、教学资源、教学评价等多个方面的要素，以确保教学过程具有始终如一的连贯性和内在的逻辑性。

（2）指向性

教学模式的另一显著特征是指向性。每种教学模式都是为实现特定的教学目标而设计的，因此不存在一种通用的、普遍适用的教学模式。选择合适的教学模式需要考虑教学目标的具体要求，以及教学环境、学生特点等因素。不同的教学模式具有不同的特点和适用范围，因此教师在教学实践中必须明确模式的指向性，以确保其对特定教育目标的有效导向。

（3）操作性

教学模式的操作性是其与抽象教育理论相区别的关键特征。它将教育理论和教学思想中的核心概念用具体、可操作的方式表达出来，为教师提供了清晰的教学行为框架。教学模式规定了教师在教学过程中的具体操作步骤，使教学变得更加有条不紊、可计划、易于理解和应用。

（4）稳定性

尽管教学模式具有一定的稳定性，但这种稳定性是相对的。教学模式是教育理论和思想的具体化，因此它受到特定历史时期的社会、政治、经济、文化和教育背景的制约。教学模式的稳定性在一定程度上反映了教育活动的普遍性规律，但也需要随着社会变革和教育改革的需要而不断调整和完善。

（5）灵活性

尽管教学模式在理论上具有一定的结构和规范，但在实际教学中必须具备灵活性。教学模式并不是刻板的模式化教育，而是需要根据学科特点、教学内容、学生需求以及教育资源等多种因素进行灵活调整的。教师在运用教学模式时，应充分考虑教育实践中的具体情况，以确保教学过程的适切性和有效性。

二、信息化教学模式认知

（一）什么是信息化教学模式

随着教学改革的不断深入，信息技术与课程整合已经成为当今教育领域备受关注的热点议题。信息技术与课程整合是指在课程教学过程中将信息技术、信息资源、信息方法、人力资源和课程内容有机结合，以共同完成课程教学任务的一种全新教学方式。信息化教学模式则是信息技术与课程整合的具体体现，其核心在于将现代信息技术，特别是计算机和网络技术，作为促进学生自主学习、丰富教学环境以及激发学习情感的工具，充分运用于各学科的教学过程中。这一过程要求在现代教育思想和教育理论的指导下，将各种信息技术工具纳入教学体系，以全面提升教育的质量，促使传统的教学方式发生根本性变革，培养学生的创新精神和实践能力。

信息化教学模式的核心任务是构建一个与现代信息传递方式和学生知识加工心理过程相契合的教育环境。这个环境要借助现代教育技术手段的支持，调动各种教学媒体和信息资源，以促进学生的自主学习和积极参与。在教师的组织和引导下，学生被激发出更高程度的主动性、积极性和创造性，使其成为真正的知识信息的建构者，从而达到更好的教育效果。

信息化教学模式不仅是对传统教学的延续，同时也是对技术环境下教学新模式的探索和建构。它融合了各种教学模式的要素，并运用现代信息技术为教学提供了丰富的资源、工具和合作平台。在信息化环境下，教学的角色不再局限于传统的教师，教师成为教学模式的实践者和创造者，而多样化的实践情境则为教学模式的不断创新提供了源泉。信息技术的发展为教学模式的进一步发展提供了无限可能性，使教育领域迎来了更广阔的前景。

（二）信息化教学模式的基本特征

信息化教学模式的核心问题在于从现代教学媒体构建理想教学环境的角度，深入探讨如何最大限度地发挥学生的主动性、积极性和创造性。我们可以明确，现代教育技术，尤其是以计算机为主的多媒体技术和教学网络技术的出现，极大地丰富了教学媒体的组成，赋予传统的教学环境以更多交互性、多媒体性、超文本性和网络性等现代特征。这些特征彻底改变了学习者在教学过程中的角色，使其能够真正地主动探索知识，实现知识意义的主动建构。在信息化教学模式下，教师的角色也从知识的传输者和课堂的主宰者转变为课堂教学的组织者、引导者，以及学生知识建构的助手和促进者。总的来说，信息化教学模式具有以下基本特征。

1. 信息源丰富，有利于学习情境的创设

现代教育技术手段为课堂教学提供了丰富多样的信息资源，改变了传统教学中信息主要来源于教师和课本的状况。多种媒体的应用不仅能够拓宽知识信息的涵盖范围，还能够充分利用学生的多感官，为学习者打造多样化的学习情境。

2. 新型教学活动形式，有利于提高学生的主动性和积极性

现代教育技术的引入，特别是多媒体计算机和网络的运用，推动了教师角色

的根本改变。教师不再是单纯传授知识，而是更多地扮演指导学生学习探索、培养学生自主获取知识能力的角色。这种变革带来了全新的教学活动形式。在这些教学活动中，学生有时会处于"传授—接受"式的学习状态，但更频繁的是在教师的引导下自主思考、探索和发现。教学媒体有时被当作辅助教学工具，但更多时候作为学生主动学习的认知工具。教材则不仅仅是教师传授给学生的内容，同时也是学生构建知识和认知的对象。这种新型的教学活动形式有效地激发了学生的主动性和积极性。

3. 个别化教学，有利于因材施教

计算机的交互性为学生提供了实现个别化学习的机会。学生可以借助多媒体技术全面呈现学习内容和过程，自主选择学习内容的难度和进度，并与教师以及同学进行随时的互动。在信息化学习环境中，学生逐渐摆脱了传统的以教师为中心的学习模式，从被动学习转变为主动学习，从而为因材施教提供了有力支持。

4. 互助互动，有利于实现协作式学习

计算机的互动性和网络特性有助于培养协作精神，促进高级认知能力的发展，实现协作式学习。在信息化学习环境中，学习者可以通过各种协同、竞争或角色扮演等互动方式参与学习。这种互动对于深入理解问题和掌握知识应用具有重要意义，同时也对高级认知能力的培养、合作意识的加强和积极人际关系的建立具有显著的促进作用。

5. 超文本信息组织方式，有利于培养创新精神和信息能力

多媒体的超文本特性与网络结构的融合为培养学生的信息获取、分析和加工能力提供了理想的环境。互联网作为全球最大的知识和资源库，拥有丰富的信息资源。这些资源以符合人类联想思维的超文本结构组织，非常适合学生进行自主发现和自主探索式的学习。这有助于促进学生的发散性思维、创造性思维和创新能力的培养。

第二节　基于问题的探究式教学模式

一、基于问题的探究式教学模式认知

基于问题的探究式教学改革了传统课堂教学，消除了将知识脱离生活的弊端，

让学生能够在真实情境中学习，并将所获知识和技能直接应用于解决实际问题的能力之中，使学习过程变得更富有意义。探究式教学强调学生通过质疑、探索的方式主动寻求真理、信息和知识，使他们积极参与问题解决活动，培养高级思维能力。在这一教学模式下，学习活动以问题为核心，为学生提供有意义的任务，让他们在真实情境中运用知识，从而促进深度学习。探究式教学模式的学习对象通常是教材中的某个或某些知识点，而教材则由多个课程内容组成，每个课程内容通常包含一个或多个知识点。这意味着几乎所有日常教学活动，包括各学科的常规课堂教学，都可以采用这种模式。因此，基于问题的探究式教学模式已经成为满足各学科常规课堂教学需求的最有效、最常用的课内整合模式之一。

基于问题的探究式教学模式是指在教学过程中，学生在教师的指导下，通过自主、探究和合作的学习方式，对当前教学内容中的主要知识点进行深入学习、探讨，并进行小组合作交流。这种模式旨在较好地实现课程标准中有关认知和情感目标的要求。认知目标包括学科相关知识、概念、原理和能力的理解与掌握，情感目标则涉及情感、态度、价值观和思想品德的培养。通过信息技术与课程深层次整合，各学科的知识与能力培养以及健康情感、正确价值观和优秀思想品德的培养都可以逐步实现。

二、基于问题的探究式教学模式的基本特征

基于问题的探究式教学模式的基本特征可以用一句话来概括，"主导、主体相结合"，既重视发挥教师在教学过程中的主导作用，又充分体现学生在学习过程中的主体地位。具体表现在以下两个方面。

（一）高度重视教师在教学过程中的主导作用

尽管探究式教学模式强调"自主、探究、合作"的学习方法，并在教学过程中着重于学生的自主学习和探究活动，但它并未忽视教师在教学全过程中的主导作用。实际上，该教学模式通过四个具体环节，确保教师的角色得到全面和明确的体现。

1. 教师负责确定探究性学习的主题。探究式教学并非一个随意的过程，其核心内容——探究的主题——由教师依据教学目标和教学计划进行选择，而非学生随意决定。这种方式确保教学内容的系统性和连贯性，同时满足课程标准和教学目标的要求。

2. 教师需在探究活动前提出启发性问题。确定探究主题后，为确保教学效果，教师需要设计并提出一系列与主题紧密相关的、能激发学生深层次思考的启发性问题。这些问题不仅引导学生进行深入探究，还促使他们对学习内容产生思考。这一步骤对于激发学生的学习兴趣和思维活跃度至关重要，但由于学生对新知识的陌生，这些问题的提出必须由具有更深层次理解的教师来完成。

3. 教师需在探究过程中提供必要的支持和指导。虽然学生是探究活动的主体，但教师需要在探究过程中提供多方面的帮助。这包括提供探究工具（如几何画板、建模软件、仿真实验系统等）、教学资源，以及在探究方法和策略上的指导。如果教师在这方面的支持不够充分和到位，可能会影响学生的学习体验和成效，降低他们的学习动力，甚至导致探究学习的失败。

4. 教师需在探究后协助学生进行深入的总结和提升。探究活动结束后，学生需要进行初步的反思和总结，教师则应引导他们识别并改正其中的不足和错误。通过集体讨论和交流，学生可以在同伴的互助下提升自己的理解。然而，为了确保学生能够深入理解和掌握知识点，从而达到由感性认识到理性思辨的转变，他们还需要教师的进一步指导和帮助。教师的经验和对课程的深入理解能够帮助学生建立宏观的知识架构，从而实现对学习内容的深层吸收和应用。

（二）充分体现学生在学习过程中的主体地位

以问题为基础的探究式教学模式采纳了"自主、探究、合作"的教学法，因此在整个教学过程中，学生的自主性、探究性以及团队合作能力被赋予了极高的重视。这种方法能够激发学生的主观能动性、积极性和创造性，不仅有助于他们对知识和技能的深入理解和掌握，而且极大地促进了创新思维和能力的培养与提升。

然而，要使探究式教学真正发挥效用，仅仅依靠激发学生的内在动力是不够的。必须有教师提供的富含启发性的问题引导学生思考，提供相应的"探究工具"、"教学资源"和"策略"的支持和帮助。这意味着教师的主导作用在整个教学过程中不可或缺。因此，探究式教学模式的成功实施是一个多方参与、相互促进的过程，它需要学生的主动参与和教师的精心引导。简而言之，这种教学模式要求在实践中充分体现学生的主体地位，同时也需要教师发挥主导作用。缺少任何一方的积极参与，都可能导致探究学习的失败。

正是基于这种双重需求，我们认为"主导与主体的结合"构成了探究式教学模式最根本的特征。这不仅体现了教育的互动性和动态性，也强调了教师和学生在教育过程中的共同责任和角色。在这一模式下，教师不再是传统意义上的"知识的传授者"，而是成为学生学习道路上的引导者和促进者；同时，学生也不是被动的信息接收者，而是积极主动、富有创造力的知识构建者。这种互动的、参与的学习过程，有助于形成一个更加深入、全面的教与学环境，从而实现教学活动的最优效果。

三、基于问题的探究式教学模式结构

（一）创设情境

情境构建是一个多维度的教学策略，它不仅满足教学内容的引入要求，而且是激发学生学习热情和自发探究欲望的关键步骤。教师可以通过多种方式来营造情境，如：提出一个需要运用新学知识来解决的问题，播放与课题紧密相关的视频片段，朗读一首诗，播放一段音乐，讲述一个引人入胜的小故事，展示一个实例分析，使用定制的课件，或设计一个角色扮演活动等。然而，所有这些教学策略都必须满足一个基本前提，即它们需要与教学内容紧密相关，以确保实现情境构建的教学目标。通过这些方法，教师营造的情境能够触发学生的学习动机和探究欲望，使学生在情境的影响下做好学习的心理准备，并激发他们的探究兴趣。

（二）启发思考

在情境构建成功激发学生的学习和探究兴趣之后，教师需要提出一系列具有启发性的问题，这些问题应涵盖当前的教学点，并避免那些答案显而易见或不具探究性的问题。教师的目标是引导学生带着问题去积极、有效地学习和掌握相关知识和技能，这也是学生完成学习任务的过程。在这一阶段，教师需要就如何解决问题、选择和应用哪些认知工具或学习资源，以及如何有效利用这些工具和资源（包括处理探究过程中出现的新问题）提供明确的建议和指导。

同时，学生需要对教师提出的问题进行深入分析，明确他们需要完成的学习任务，并通过综合思考来构建初步的探究方案。在此过程中，教师的角色转变为协助者和引导者，他们不再是信息的单向传递者，而是学生探究过程中的支持者。这种启发式的教学方法促进了学生的批判性思维和问题解决技巧，同时鼓励他们通过自我探索和小组合作来构建和扩展知识。通过这种方式，教学过程变得更加动态，教师和学生之间的互动也更加自然和有成效。

（三）自主探究

自主探究阶段是学生积极主动参与的学习过程，其核心是利用教师提供或指导下自行搜寻的认知工具和学习资源，围绕特定知识点的问题展开深入探究。在此环节，学生需要运用各学科特有的认知工具来收集、整理与分析与学习主题相关的信息，进而对所得信息进行批判性思维的分析、综合和评价。这一过程不仅仅是信息的收集，更是学生对所学知识进行个人化解读和内化的过程，是知识意义的自我构建过程。教师在此阶段的角色转变为观察者和引导者，他们需要密切监控学生的学习进展，并提供策略上的指导，包括如何有效运用认知工具和学习资源，以及掌握相关的学习方法。

（四）协作交流

协作交流环节是在自主探究的基础上，通过小组讨论或班级研讨的形式，促使学生在交流和协作中共同解决问题，深化对知识的理解。在这一过程中，教师应提供必要的交流工具，并给出集体讨论的指导，尤其是如何协调不同意见，建立有效的合作学习策略。教师的参与不应局限于旁观者或指导者，而应在必要时介入讨论，促进学生的深入理解。这一环节不仅加深了学生对知识的理解，而且有助于他们学会如何通过团队合作来解决问题，掌握并运用多种学习策略。

（五）总结提高

在教学的最后阶段，总结提高环节旨在通过师生共同参与的反思和总结，对整个学习过程进行梳理，弥补在自主探究和协作交流中可能遗留的认识空缺或误区，从而全面深化对知识点的理解。这一环节包括学生的讨论、反思、自评和互评，以及教师对学生学习成果的评析，提出进一步的问题，引导学生思考知识的迁移和应用。教师应强调当前知识点与更广泛知识体系之间的联系，引导学生运用新知解决问题或创造性地完成特定任务。通过这种方式，教学不仅局限于知识的传递，更重视学生的整体发展，包括认知、情感、社交和创新能力的培养。

四、高职教学采用基于问题的探究式教学模式应注意的问题

在大数据时代背景下，高职教育（高等职业教育）面临着前所未有的挑战和

机遇。在这样的语境下，采用基于问题的探究式教学模式成为一种重要的教学革新方式。然而，为了确保这种教学模式的有效实施和最终的教学质量，有必要注意以下几个从大数据时代和高职教育特色出发的具体问题。

（一）数据素养的融入

在大数据时代，数据素养成为每个人必备的关键能力之一。高职教育中基于问题的探究式教学应将数据素养教育融入课程中。例如，教师可以引导学生学会如何收集、评估、分析以及解释数据，让他们理解数据背后的含义，并基于数据做出明智的决策。这不仅能增强学生的实践能力，还能帮助他们在未来职场中更有效地利用大数据。

（二）利用大数据优化教学内容

大数据为我们提供了快速、实时的信息，这对于教育内容的及时更新非常关键。高职教师应利用大数据对行业趋势、技能需求进行实时分析，以保持教学内容的前瞻性和实用性，满足市场需求。此外，教师还需要关注学生的学习数据，通过分析学生的学习习惯、评估结果和反馈，个性化教学策略，提高教学效果。

（三）强化实践和应用导向

高职教育的一个显著特点是强调实践能力和就业技能。在基于问题的探究式教学中，教师需要设计与真实工作环境相结合的问题情境，鼓励学生解决实际问题。同时，教育者应邀请行业专家开展专题讲座，甚至与企业合作，为学生提供实地参观、实习和实训机会，使学生能够在实践中学习和应用知识。

（四）提高教师自身能力

在大数据时代，高职教师不仅要具备专业知识，还需要掌握数据分析、在线教学等相关技能，并能够处理来自不同来源的大量信息。此外，教师还需不断更新自身的教学方法，以适应快速变化的教育环境。例如，他们需要学会如何整合线上线下资源，如何利用大数据进行学生评估，以及如何根据学生反馈调整教学策略等。

（五）重视伦理和隐私问题

随着大数据在教育中的应用，数据安全、隐私保护和伦理问题变得尤为重要。高职院校在实施基于问题的探究式教学时，必须确保遵循相关法律法规，保护学生和教师的个人信息不被滥用或泄露。同时，教育者还应教育学生有关数据伦理的知识，培养他们负责任的数据使用习惯。

综上所述，高职教育在大数据时代采用基于问题的探究式教学模式，需要全面考虑数据素养教育、教学内容的实时更新、实践与应用的强化、教师能力的提升、以及数据伦理与隐私保护等问题，以提高教学的针对性、有效性和安全性。只有这样，才能培养出既掌握扎实专业知识技能，又具备创新思维和解决复杂问题能力的高素质技术技能型人才，满足社会对大数据时代专业人才的需求，推动产业升级和经济社会的数字化转型。同时，这样的教学模式能够促进学生的全面发展，使他们在未来职业生涯中能够灵活应对信息技术的快速变化，成为驱动社会进步和创新的重要力量。

第三节　任务驱动教学模式

在信息技术浸润的教育环境中，任务驱动教学模式成为一种跨学科的教学策略，它在各类学科领域的课堂教学中得到广泛应用。这种模式颠覆了传统的教学架构，为学生提供了一种通过参与、体验和实践进行学习的学习方法，从而促使学生在互动和探索的过程中自我驱动地获取新知识，并在认知结构中整合和构建新的意义。任务驱动教学法的提出是基于建构主义学习理论，这一理论强调学习是一个主动、建构的过程，而非被动、接受的过程。

建构主义学习理论特别强调学生在学习过程中的主体性，认为学生的学习活动应该紧密地与具体任务或问题相结合。通过这样的方式，教学不仅能引发和保持学生的学习兴趣和动机，而且还能在一个接近真实的学习环境中，让学生面对真实的挑战，从而使他们在学习中拥有更多的自主权。这意味着学生的学习不再是简单地接受外部传授的知识，而是需要他们在教师的引导下，通过实际操作和思考，将个人经验与新知识进行整合和内化。

在这个过程中，学生需要与他人合作，探讨问题、解决问题，从而在不断的互动和反思中，构建自己的知识体系。通过新旧知识之间的对话，学生不仅丰富了自己的经验，而且还在认知上实现了自我超越。这种以任务为驱动力的学习方式，强调了认知主体在知识建构过程中的积极作用，同时也体现了教育的终极目标，即培养学生成为具有独立思考能力和问题解决能力的终身学习者。

因此，任务驱动教学模式不仅仅是一种教学方法的改变，更是对学生学习本质的重新认识。它要求教师从"知识的传授者"转变为"学习的引导者"，从过去注重结果的教学转向注重过程和体验的教学，真正实现以学生为中心的教学改革，从而更好地适应现代社会对高素质人才的需求。在这一模式下，学生的主动性、创造性及批判性思维能力得到了充分的发挥和锻炼，教与学的关系也变得更加和谐与互动，共同推动着教育教学质量的提升。

一、什么是任务驱动教学模式

任务驱动教学模式作为一种先进的教学策略，其核心在于通过设计一系列实际任务，将学生需掌握的新知识融入这些任务中，从而促使学生在教师的引导下，针对这些任务开展自主的学习探究和协作研讨。这种教学模式鼓励学生深入分析和讨论教师布置的任务，厘清任务所涉及的知识点，特别是重点和难点，并在教师的协助下，紧扣实际的任务中心，以强烈的问题解决欲望为驱动，积极利用学习资源，展开自我探索和团队合作学习。在完成指定任务的同时，这种学习方式还促进了学生在实践活动中的学习过程。

任务驱动教学不仅是探究式教学模式的实施手段，更是一种从学习者出发的学习策略。它特别适合于操作性知识和职业技能的学习，因为它确立了清晰的学习目标，顺应学生的个性特点，使得教学内容更加生动有趣，易于学生接受。任务驱动教学的独特之处在于教学活动是围绕特定任务来展开的，因此，任务的设计和编制尤为关键。这不仅需要注重教学方法和知识体系的构建，还要兼顾职业技能的文化性和综合性，以及跨学科知识的融合。

这种教学模式强调学生在教师的指导下，围绕特定任务，在问题解决的强烈动机驱动下，进行自主探究和团队协作学习。通过这一过程，学生不仅构建了新知识的意义，还提升了问题分析和解决的能力。在这个框架下，教师需要精心设计教学任务，将学习内容巧妙地融入一个或多个任务中。学生则通过分析、探究这些任务，探求解决问题的路径和策略，最终在任务的完成中实现对新知识的理解和应用。此外，这种以任务为核心的教学模式，在学生的学习过程中，不仅培育了他们的创新精神和创新能力，同时也增强了他们分析和解决问题的技巧。

二、任务驱动教学模式的基本特征

任务驱动教学模式的基本特征是"以任务为主线，以教师为主导，以学生为主体"。

（一）以任务为主线

在任务驱动教学模式中，任务的设计处于核心位置，任务贯穿于整个教学过程。从任务的典型特征来看，任务大致可以划分为两类：一类是封闭型任务，另一类是开放型任务。封闭型任务主要侧重于围绕确定的任务类型和任务主题，以促进学生掌握关键性的知识和技能为目标；开放型任务主要侧重于围绕不确定的任务类型或任务主题，以综合培养学生问题意识和创新能力为目标。任务的真实性和趣味性决定了学习者的学习兴趣，任务的综合性和开放性能够培养学习者的创新思维。任务还应具有目标指向性和可操作性，以便于学生探究。整个教学模式就是围绕任务的创设、完成、总结与评价来进行的。

（二）以教师为主导

在任务驱动教学模式中，教师的主导作用体现在以下几个方面。

1.任务的设计者：教师围绕教学目标的具体要求，设计出合适的任务。

2.任务情境的创设者：创设情境是任务完成的前提，需要教师创设有利于完成任务的情境。

3.任务过程的指导者：教师在学生完成任务的过程中及时提供必要的指导和帮助。

4.任务完成的评价者：教师要对学生完成任务的情况进行适当的评价。

5.课堂的监控者：实时了解学生完成任务的情况，全面引导学生朝着完成任务的方向努力。

（三）以学生为主体

在教学实践中，学生的主体性主要表现为自主性、创造性和协作性。任务驱动教学模式有助于发挥学生的主体性，具体表现为以下几个方面。

1.提高学生自主探究的能力。任务驱动教学模式将学生置于与当前学习主题相关的、尽可能真实的学习情境中，有效激发学生的学习兴趣，驱使学生主动探究和发现，完成有关知识的建构，从而提高学生自主探究的意识和能力。

2. 促进学生创造能力的发展。任务驱动教学模式使学生从实际出发，提出问题、分析问题、解决问题，在解决问题过程中建构知识和掌握技能。在完成任务的过程中，学生可以根据自己的理解，自由选择解决问题的方法和途径，通过多角度、多方位的思考，可以有效地促进学生创新思维和创造能力的发展。

3. 培养学生的协作交流精神。教师设计的任务，既有独立完成的任务，又有协作完成的任务。所以，学生在完成任务的过程中，需要和教师、同学进行协作与交流，不断调整、完善自己的观点，以促进任务的有效完成。该模式还能进一步培养学生的协作精神。

三、任务驱动教学模式结构

任务驱动教学模式的结构性特点彰显在其明确的阶段性步骤中，每个步骤都对学生的学习过程产生深远影响。

（一）创设情境，提出任务

创设情境并提出任务是此教学模式的先行步骤。基于建构主义的学习理论，我们认识到，学习并非孤立发生，而是与特定的"情境"紧密相关。这种"情境"通过激活学生的思维，唤醒其已有的认知结构中的相关知识、经验和表象，从而促使学生利用这些知识和经验去"同化"和"适应"新的学习内容，进而发展个人能力。因此，教师在设计教学时，需要构建与学习主题紧密相关的、尽可能真实、生动和开放性的学习情境。在这样的情境中，教师引入与学习内容高度相关的实际事件或问题（即任务），作为学生学习的核心，明确指出学习任务以及其中蕴含的学习目标。

（二）共同讨论，分析任务

共同讨论和任务分析阶段则是教学过程中的关键互动环节。在任务发布之后，教师需组织学生共同探讨和分析任务，明确完成任务所需的具体步骤和需要解决的问题。这些问题可以在教师的引导下由学生自行提出，也可以由教师根据实际教学需求提出。重要的是，这一过程需要采取逐步细化的策略，确保问题的探讨层层深入。值得注意的是，对于一些复杂任务，此阶段并不可能一次性列举所有潜在问题。学生可能需要在后续的探究活动中逐步发现问题，有些甚至是他们以前未曾接触过的。在这种情况下，教师应积极指导学生，帮助他们实现新旧知识之间的衔接，引导他们不断地拓宽知识边界，这也是完成任务的关键环节。

（三）探究协作，解决任务

在学生识别的问题环节中，教师的角色转变为一个指导者，他们引导学生提出多种可能的解决方案，并协助他们形成合理的解决策略和计划。此阶段并非教师直接指导学生如何解决问题，而是通过提供相关线索，如认知工具和学习资源，或指明这些工具和资源的获取方式，来启发学生自行寻找解决路径。在任务的实施过程中，特别是如果任务需要在课外时间完成，教师可运用电子邮件、即时通信工具或在线论坛等数字化平台，为学生提供必要的指导和协助，旨在强化学生的自主探究能力。

同时，教师鼓励学生间的合作与交流，通过观点的碰撞和讨论，使得每个学生能够对问题的解决方案有更深入的理解和认识。这种合作和对话不仅增进了学生的社交能力，也有助于建立批判性思维和团队合作精神。

（四）评价反思，总结任务

任务驱动教学本质上是一种反思性的活动。在任务结束后，学生需要进行自我评估，明确自己通过这一过程学到了什么、理解了什么、掌握了哪些新方法，以及还有哪些需要改进的地方。除了对个人的探究过程和成果进行自我评估，学生还应对团队合作和交流的经历进行回顾，总结有效的协作策略和潜在的不足之处。通过这样的反思，学生不仅扩展了知识领域，而且优化了自己的认知体系。

对于教师而言，他们需要对整个任务驱动的教学过程进行全面评估。这包括评价学生完成特定任务的过程和结果，以及评估学生在自主探究和团队协作方面的能力。教师在总结任务时，应给予学生公正的评价和积极的鼓励，让学生感受到从任务中获得的成就和快乐。

总的来看，任务驱动教学模式与探究式教学模式在实施程序上具有相似性，都强调以问题或任务为出发点，通过教师的引导让学生进行自主的探究和协作交流。然而，任务驱动教学模式更加强调任务的真实性、趣味性和综合性，旨在通过围绕任务中心的教学设计激发学生完成任务的内在动力，从而实现知识的建构和综合能力的提升。

四、高职教学采用任务驱动教学模式应注意的问题

采用任务驱动教学模式是适应大数据时代特征、提高教学效果的有效途径。然而，在实践中，教育者需要注意以下几个方面以确保教学模式在高职教育中的有效实施：

（一）数据驱动的教学内容更新

在大数据时代，知识更新速度加快，行业需求不断变化。高职教育的课程和教学内容需要紧跟行业发展，反映市场的最新需求。教师可以利用大数据分析，及时获取相关行业的最新技术、技能需求和发展趋势，从而调整教学内容和任务，使之更具前瞻性和实用性。同时，教学任务的设计不仅要覆盖专业技能的培养，还需融入对数据分析等相关能力的训练，培养学生在复杂数据环境中的应变能力。

（二）加强数据素养和批判性思维

大数据时代不仅需要技术处理能力，还需要数据素养和批判性思维来辨别和分析数据的有效性和偏差。在任务驱动的教学过程中，教师应引导学生学会如何批判性地分析和使用数据，培养他们从大量信息中筛选有价值数据的能力。这要求在教学任务的设计中，加入更多实际案例分析，提高学生的实践操作能力和问题解决能力，特别是在面对复杂、真实的行业数据时。

（三）利用技术提升互动性和实时反馈

当代的高职学生是在数字化环境中长大的一代，他们习惯于网络互动和即时信息获取。在任务驱动教学模式中，可以结合在线平台和数字化工具，如学习管理系统、实时互动平台等，来加强师生、生生之间的互动。教师可以通过这些工具实时监控学生的学习进度和表现，及时调整教学策略，并为学生提供即时反馈，以增强教学的针对性和有效性。

第四节　电子白板教学模式

电子白板系统是以电子白板设计的交互理念为基础，兼顾电子白板本身的交互性和可操作性特点的一种变革性的辅助教学手段。电子白板系统引入学科课堂教学后，促进了课堂教学方式的变革，有效地补充了多媒体教学与网络条件下的

课堂教学之间的空白，有力地推动了教育技术与学科课程的整合。

一、电子白板对教学的影响

电子白板是教师和学生都可以从中受益的一个功能强大的课堂教学工具，它可以有效使用各种资源，增强示范效果，提高师生互动质量。电子白板通过全新的教学方式，对教学过程进行时间和资源的科学分配，使教学资源得到高效利用，减轻教师的教学压力和学生的学习负担，充分培养学生的创造性思维，调动学生的学习积极性，从而显著地提高教学效果。

（一）对学生的影响

1. 提高学生的注意力和理解力

电子白板作为一种先进的教学媒介，相较于传统黑板教学，它通过整合音频、视觉及动态元素，为教学过程提供了一个多维度的表达平台。这种丰富的信息传递方式不仅可以更加直观地呈现和处理复杂概念，实现教学内容的高清晰度、高效率和动态化展现，还能够通过多样化的教学手段辅助学生深入理解抽象的知识和概念。特别是在探索一些复杂主题时，电子白板提供了多种分析策略和问题解决方法，有助于学生从多个角度理解和消化新知识。

2. 便于学生复习以往的知识内容并促进学生对新知识的掌握

电子白板具有记录并存储教学内容和互动过程的功能，这意味着学生无需分心做笔记，而是可以全神贯注于听讲。不仅如此，教师的讲解和课堂上的互动学习过程都可以被保存，供学生课后复习和参考，这大大降低了他们遗漏关键信息的风险。通过随时回顾课堂内容，学生可以在复习过程中加深对新知识的理解和记忆，从而更有效地掌握所学内容。

3. 有利于调动学生在课堂上主动学习的积极性和参与性

研究已经证实，电子白板支持的教学方式能够显著提高学生的课堂参与度。这种互动式的教学环境强调学生的主动参与以及师生和生生之间的互动，有效减少了学生分心和不良学习行为，进而提升了学生的学习质量、积极性和自信心。通过电子白板，教师能够利用丰富多彩的媒体和互动应用，使课堂内容更具吸引力和参与感，充分激发学生的学习热情和创造力，实现愉悦而高效的学习体验。在这样的教学环境中，学生不再是被动的信息接收者，而是变成了积极主动的知识探索者。

（二）对教师的影响

1. 对教师备课方式的影响

电子白板技术在教学备课方面提供了一种与传统备课方法同样便捷、高效的新路径。教师在备课时无须为每个教学单元单独制作课件，而是可以将所需的教学材料按照电子白板资源库的分类方式预先存储，随后根据实际教学需求灵活调用。这种方式不仅大幅度节约了教师在准备课件上的时间与精力，还优化了教学资源的管理与再利用，服务于教师日常的教学需求，并促进资源共享。

2. 对教师实施教学过程的影响

电子白板系统为教学过程带来了前所未有的灵活性。它构建了一个与传统"粉笔＋黑板"模式相似的界面，教师无须改变习惯的教学行为，可以自如地利用感应笔进行书写或绘图。此外，电子白板支持对教学内容进行多种操作，如缩放、调整位置、更改角度和颜色、添加注释等，这些都是为了满足教师实际教学需求而设计的功能。更重要的是，教师不再受制于计算机的操作界面，可以直接站在讲台前，保持传统的教学风格和教师魅力，与学生进行更自由的互动交流，丰富教学手段，激活课堂氛围，从而实现信息技术与传统教学方法的有机融合。

3. 对教师开展教学评价活动的影响

在教学评价方面，电子白板技术引入了一种新的维度。评价活动通常涉及对学生的形成性评价以及对教师教学的反馈，而传统评价通常基于教案审查、课堂听课、教学演示和教研活动，往往缺乏对实际教学过程的动态信息支持。电子白板能够记录整个教学过程中的所有操作信息，包括教师的指导、学生的互动和练习等，这些数据真实反映了课堂教学的全貌。因此，这些动态的教学记录不仅可以作为进行形成性和总结性评价的重要参考，还能为教师自我反思和专业发展提供宝贵资料，同时也为学生学习过程的评估提供了实证基础。

4. 对教师转变教学理念的影响

教师教学理念的转变通常被认为是信息技术与课程整合中面临的最大挑战。这种转变不是短期内可以完成的，它需要时间和反思。电子白板技术的引入和在课堂中的应用为教师的教学观念转变提供了一个渐进的桥梁，可以潜移默化地影响教师的教学态度和方法。

在信息技术与课程整合的过程中，教师常常会感到自我身份的困惑与角色的迷失。面对新兴技术的冲击，一些教师可能会忽略他们多年来在课堂管理、知识组织、提问技巧和激励策略等方面积累的宝贵经验。另一些教师可能过于迷恋技术本身的魅力，而忽视了教学内容的中心地位，错误地将技术视为展示个人技能的平台，而非教学的辅助工具。

电子白板技术恰当地平衡了传统教学方法和现代技术之间的关系。它支持教师维持传统的黑板使用习惯，使教师能够在一个熟悉和亲近的环境中利用信息技术，无须改变习以为常的"板书＋讲解"的教学模式。这种方式有助于教师认识到信息技术的角色是为教学过程提供支持，而不是替代传统教学技能或内容。通过这种方式，电子白板有助于消除教师对信息技术的排斥心理，纠正将信息技术仅作为教学装饰或点缀的错误观念，从而促进教师将技术融入教学的更深层次的认识，提升其教学质量和效果。

二、电子白板教学应用模式

在教学结构与模式多样化的实现上，电子白板相较于当前其他用于课堂教学的信息技术工具，展现出更高的灵活性和适应性。通过对现有文献和教学案例的综合分析，我们可以识别出电子白板在课堂教学中的三种基本应用模式：教学资源模式、情境创设模式和交互整合模式。

（一）教学资源模式

教学资源模式侧重于使用电子白板作为平台，整合各种数字化信息技术设备和教学材料，从而在多个层面上系统地展示教学信息，主要目的是扩展和丰富学生的学习体验。在此模式下，电子白板的主要功能是提供和展示教学资源，以支持教师的教学活动。

教师在此模式中扮演着策略者和指导者的角色，他们需要筛选和整理相关的多媒体资源，如图片、视频或网页内容，来弥补教学材料的不足，并允许学生通过浏览教师推荐的内容来拓宽学习视野。这种模式通常采用讲解、示范和实践操作等教学策略。

此模式的成功实施关键在于教师必须精心选择与教学目标紧密相连的媒体内容，并实时监控学生对教学资源的反应，以防学生出现认知过载或注意力分散。为此，教师不仅需要在课堂管理和资源整合方面具有高度的敏感性和判断力，还需要对教学内容与所使用的技术工具之间的互补性有深入的理解，确保它们之间的协调一致，共同促进学生的学习进步。

（二）情境创设模式

情境创设模式是一种更为主动、参与式的教学策略，强调超越传统的知识传授方式，而是通过电子白板所创设的情境，鼓励学生积极参与和沉浸式学习。在这种教学模式中，电子白板不再仅作为教学活动的辅助工具，而是成为引领学生通过实际操作信息软件或应用设备，深入参与、探究和解决问题的平台。这种方法期待学生在完成特定的学习任务时，通过问题解决和深入思考来构建知识。

此模式经常采用的策略包括使用电子白板进行探究式学习和问题解决，同时利用虚拟现实、情境模拟或教育游戏等技术手段，帮助学生在互动中理解和掌握知识。在情境创设模式中，教师的角色转变为指导者和协助者，他们不仅需要教授学生如何技巧性地操作各种技术工具，还需要监控学生使用这些设备的学习过程，并提供必要的反馈和引导。

（三）交互整合模式

交互整合模式通过将交互式电子白板与网络技术结合，打破传统教学的时空限制，提供一个更加灵活和个性化的学习环境。这种模式优化了教学方法，使教师能够更有效地关注每个学生的学习进度，并通过电子白板实现个别化的教学适应。

在此模式下，电子白板与网络工具融合，共同构成一个综合性的学习系统。该系统主要依托网络服务器作为平台，整合了超媒体、文件传输、同步与异步交互以及学习过程记录等功能。对于学生而言，他们需要掌握在实体教室中有效进行小组讨论的技巧，并发展对计算机网络操作的熟练度，以及根据个人学习进度自我调节的能力。这种教学模式鼓励学生主动参与，培养他们的自主学习和合作交流技巧，同时也促进了教育公平，确保每个学生都能根据自己的节奏和风格获得成功的学习体验。

三、高职教学采用电子白板教学模式应注意的问题

采用电子白板等先进教学技术在高职教学中不仅仅是一种教学资源的更新，更是教学观念、教学方法的革新，以及对教育质量和效率的提升。然而，在此过程中，教育工作者应高度关注以下几个关键问题。

（一）数据驱动的个性化教学难题

大数据时代为教学提供了丰富的学生数据，包括学生的学习习惯、背景知识、学习进度和风格等。然而，如何将这些数据有效转化为支持个性化教学的策略是一个挑战。高职教育中采用电子白板等技术，应建立有效的数据分析机制，根据学生的数据提供定制化的教学内容和方法，同时注意数据的隐私保护问题。

（二）与产业需求的对接

高职教育的一个重要任务是培养学生的职业技能，满足社会和产业的需求。在大数据时代，这些需求在不断变化。因此，电子白板等教学技术的使用应与时俱进，反映行业的最新发展和需求。教师应该利用电子白板展示最新的行业案例、模拟真实的工作环境，以帮助学生更好地理解和适应未来的职业场景。

（三）教师专业发展

传统的教师角色和教学方法在大数据时代需要重大调整。教师不仅要掌握电子白板等教学技术，还需要能够处理和分析教学数据，进行教学创新。这就要求建立一套有效的教师培训和专业发展体系，帮助教师提升数据素养，了解行业发展，掌握新的教学策略。

（四）评估机制的更新

传统的教学评估方式可能不再适应电子白板等技术支持下的教学模式。需要建立新的评估体系，既能反映学生的个性化进展，也能评价教学方法的有效性。大数据提供的详细学习过程记录和分析为此提供了可能，但如何设计合理的评价指标和方法，确保评估的公正性和科学性，是一个亟待解决的问题。

第五节　电子书包教学模式

电子书包作为一种新兴的教育教学工具，其最核心的价值不是用来呈现和提供信息，其不可替代的价值在于通过技术来增强学习者的思维能力，实现个性化、探究性、社会化、情境化、游戏化、自组织、深度的学习，从而转变教与学的方式，实现信息时代的教育变革。这不仅是电子书包的核心价值体现，也是我国电子书包教育教学应用的发展趋势。

一、电子书包对教学的影响

（一）对学生的影响

当前教育领域已普遍认同技术在促进学生学习活动和思维发展方面扮演着不可或缺的角色，特别是在帮助学生培养高阶思维能力的过程中。在这个数字化时代，学生群体实质上可以被视为"数字原住民"，他们与各种技术设备和数字媒介的互动如同本能一般，这是他们的第二天性。相比之下，即便有部分教师能熟练运用现代信息技术，他们在本质上还是"数字移民"，这一代际差异在教育实践中造成了"数字鸿沟"，也导致了不可避免的文化冲突。

将学生日常所接触的技术融入学习过程，并使电子书包的应用如同日常生活的其他方面一样自然，实际上比我们预想的要更为容易实现。这不仅是引导学生形成一种"数字素养"，更是一种"学习生活方式"的转变。通过电子书包的引入，一系列新型的学习方式得以实现，如：班级内的差异化互动学习、基于数字技术的探究和实验、小组合作项目、按照个性和兴趣进行的个性化学习，以及以能力为本位的评估和学习引导等。

值得注意的是，当前的学生群体在技术应用方面具有与生俱来的敏锐性和技能。教育者和学校管理者需要做的是提供必要的技术资源，创设一个积极的应用环境，并给予适当的指导和引导。在这样的环境中，学生将能够自然地将他们在生活中习以为常的技术行为延伸到学习中，从而在课堂内外构建连贯、互动的学习经历。这种转变不仅增强了学生的学习体验，也促进了他们主动学习和创新思维能力的发展。

（二）对教师的影响

教育领域的数字化转型，特别是电子书包的广泛应用，为教学场景带来了深刻变革。这种技术介入不仅重新定义了学生的学习方式，还重塑了教师的角色。电子书包作为学生喜爱的智能伙伴，插入了教师与学生间的互动，成为一种教学的"第三方"力量。它承担了许多传统上由教师执行的任务，从而促使教师的角色和职能发生转变。

在这个新的教学格局中，教师需要适应与机器共事的现实，将机器能够胜任的任务交由其完成，同时专注于发挥人类独有的情感和认知优势。在电子书包辅助的信息化学习环境里，学生不再是被动接受者，而是自主的探究者、问题解决者、知识建构者和协作反思者。教师的角色也应随之转变，从传统的知识传授者成为学生学习的引导者、促进者、辅助者和评估者。

此外，教师需要树立全新的教学时空观和设计理念，注重学生的个性差异，挖掘并发展他们的潜能。这要求教师对各种学习活动，无论是课前、课中、课后，还是班内、班外，校内、校外，进行全面规划，利用技术创建富有创新性的学习环境，提供多元化的学习体验，从而全面提升学生的学习能力。

（三）对教学的变革

电子书包的全球普及和在教育场景的深度应用预示着一场不可逆转的学习革命。这不仅仅是简化负担、提高效益的象征，也为构建高度互动的课堂环境，实现随时随地的学习提供了可能性。电子书包使得对学生的持续、精准评估变得更为便捷，无论是在真实环境还是虚拟情境下，都能支持个性化和普适性的设计，优化学习体验，让每个学生都能感受到成功的喜悦。

通过电子书包，学校、家庭、社会将构建一个更加紧密的教育生态圈，最大化利用各种资源，为每个学生打造最适合的学习环境，促进他们在一个健康、公平的体系中成长。学生将无缝接入一个充满趣味且功能强大的个性化学习空间，无论是优质的虚拟课堂、丰富的数字资源库，还是各类在线实验室，都将触手可及。同时，当学生与学习伙伴一起时，电子书包又能转变为高效的协作学习平台，让他们自由参与顶级教师的虚拟课堂，与志同道合的同学无障碍沟通。

然而，这些教学变革的实现并非一蹴而就，它受制于当前的考试体制、教育目标以及其他结构性因素。这需要教师和学生共同探索，通过实践不断反思、优化和创新，以期达到教育教学的卓越。

二、高职教学采用电子书包教学模式应注意的问题

传统的教学模式正逐渐向技术驱动的模式转变，其中，电子书包作为一种新兴的教学工具，为教育带来了革命性的影响。然而，在将电子书包融入高职教育过程中，教育者和政策制定者需要关注几个核心问题。

（一）数据隐私和安全性

在大数据时代，数据隐私和信息安全成为不容忽视的问题。学生和教师在使用电子书包时会产生大量个人数据，包括学习习惯、成绩、互动等。高职院校必

须确保这些数据受到严格保护，避免数据泄露可能带来的风险。同时，应制定相应的法律法规，明确数据使用和共享的界限与规范。

（二）教学内容的个性化和精准性

大数据为教学内容的个性化提供了可能，但也需要教师具备相关能力，能够处理和分析学生数据，实现针对性教学。高职教育往往强调实践技能和职业素养，教育者应基于数据分析，开发与学生职业发展紧密相关的个性化教学内容，并提供精准的学习路径。

（三）教师专业发展和培训

电子书包及相关技术的引入，要求教师不仅要掌握专业知识，还需要具备一定的数据素养和技术能力。高职院校应提供持续的教师培训，帮助他们熟悉电子书包的使用，了解大数据在教学中的应用，并掌握基本的数据分析技能。仅有技术的支持并不足以实现教学质量的提升，还需要教师能够有效地将技术融入教学实践中。

（四）学习评估的多元化

在传统教学模式中，学生的评估通常依赖考试和作业。然而，大数据和电子书包使得实时评估、过程评估成为可能。高职院校需要探索更多元化的评估方式，如基于项目的评估、实习表现、在线互动参与度等，以全面了解学生的学习表现和实践能力。

（五）技术基础设施的建设与维护

实施电子书包教学模式，需要学校具备稳定而强大的技术基础设施。这不仅包括硬件设施，如电子设备、网络连接等，还包括软件支持，如学习管理系统、数据分析工具等。此外，持续的技术维护和更新也是必不可少的，以确保教学活动的顺利进行。

（六）平等的教育机会

尽管技术带来了许多便利，但也可能加剧教育不平等。在高职教育中，必须确保所有学生，无论其社会经济背景如何，都能平等地使用电子书包和相关资源。这需要学校、政府乃至社会的共同努力，为不同群体的学生提供必要的支持。

第五章　大数据时代下的信息化教学手段

第一节　教育云平台

一、认识云教育

（一）定义

1.云教育

在当代教育领域，云教育是一种依托云计算技术的新型教学模式，它通过互联网提供存储、计算、应用和服务等功能，从而为教师和学生创造一个灵活、可扩展、可访问的学习环境。云教育超越了传统教育模式的时空限制，实现了资源的最大化共享和优化配置，提供了丰富的学习资源和多样的交互方式。

在大数据时代，云教育的意义更加凸显。教育机构能够收集和分析来自全球各地学生的数据，识别教育趋势，预测资源需求，并为学生提供更个性化的学习体验。同时，云教育还促进了教育公平，即使是身处偏远地区或资源贫乏的学生也能接触到优质的教育资源。此外，云教育还支持可持续发展，因为它减少了物理基础设施的需求，降低了教育成本，提高了资源利用率。

2.教育云

教育云是一种基于云计算模式建立的专门为教育领域服务的平台，它整合了计算资源、存储资源和网络资源，为教育机构提供了一个集中管理、高效运行和灵活扩展的环境。通过教育云，教育者和学生可以远程访问应用程序、教育内容、教学工具和其他服务。

在大数据背景下，教育云的作用变得尤为关键。它不仅简化了信息技术的管理和维护，还促进了教育资源的民主化和多元化。通过教育云，教育机构能够实时更新教学资源，扩大教育覆盖范围，并通过数据分析来改进教学方法和课程设计。此外，教育云还为教育研究提供了宝贵的数据资源，有助于教育政策的制定和实施。

3.云计算辅助教学

云计算辅助教学是一种创新的教学方式，它利用云计算的高度可用性、可扩展性和多租户性，为教学活动提供支持。这种方法利用云服务来储存和共享教学资料、发布作业、进行在线评估和促进学生之间的协作学习。

在大数据环境中，云计算辅助教学为教育质量提升提供了新的路径。利用云技术，教师可以轻松地追踪学生的学习进度和表现，及时调整教学策略以满足学生的个性化需求。同时，云平台上的协作工具和社交功能也增强了教师和学生之间，以及学生彼此之间的互动和交流，营造了一种更加积极和互助的学习氛围。

4.云计算辅助教育

云计算辅助教育不仅仅是技术的应用，更是一种教育模式的革新。它通过云技术将教育资源和服务数字化，实现了教育活动的虚拟化和服务的云端化。这种模式极大地提高了教育服务的可达性和可用性，降低了教育的成本和地域限制。

在大数据的大背景下，云计算辅助教育意味着数据驱动的决策制定和个性化教育的实现。教育机构可以通过分析云端收集的大数据来监控教学效果，预测教育趋势，优化资源配置，从而实现精准教育。同时，云计算辅助教育也推动了全生命周期的教育，支持了终身学习的理念，满足了社会不断变化的教育需求。总体而言，云计算辅助教育正在推动教育领域向更加开放、平等、高效和创新的方向发展。

（二）云教育的特征与优势

1.教育云平台的技术特征

（1）专业的用户细分

教育云平台通过专业的用户细分功能，确保教育资源和服务能精准对接每一位用户的特定需求。在大数据时代，用户细分不再仅仅局限于基础的地理、年级或科目分类，而是可以深入学习风格、能力偏好、学业表现和兴趣倾向等多维度个性化特征。这种精细化的用户管理模式有助于构建一个更具包容性和针对性的教育环境，教师可以根据学生的具体情况调整教学策略，学生也能在符合自身条件的框架内获得最适宜的学习资源和指导。

此外，专业的用户细分还促进了教育公平。不同背景、不同层次的学生都能得到平等的教育机会，特别是对于那些来自偏远地区或者教育资源匮乏地区的学生，他们可以通过教育云平台接触到优质的教育资源和服务，缩小教育差距。

（2）严格的权限和隐私设置

在云教育平台上，保护用户隐私和数据安全是首要任务。平台采用严格的权限管理系统，确保只有授权用户才能访问特定的内容和数据。教师、学生、家长和教育管理者都有各自的账户权限，能够在保障数据不被未经授权访问的同时，便捷地分享和获取信息。

同时，云教育平台还实施了一系列的安全措施，如数据加密、双重验证、防火墙保护、侵入检测系统等，以预防任何形式的数据泄露、篡改或未经授权的访问。在大数据环境下，随着教育数据的快速增长，这种高度的安全性和隐私保护是确保云教育可持续发展的关键因素。

（3）简单快捷的网站生成

教育云平台具备简单快捷的网站生成功能，教育者无须专业的编程知识，就能快速创建课程网站、教学论坛、在线测试平台等。这些功能丰富的网站不仅提供了多媒体教学内容、互动讨论区和实时反馈机制，还可以集成各种教学工具和应用，支持教育者自由地发布课程资料、布置作业、进行在线评估等。

在大数据背景下，这些网站也成为收集教学反馈、评估学生表现、进行教育研究的重要渠道。数据的实时生成和处理，使教师能够及时了解学生的学习状况，调整教学计划，实现精准教学。

（4）开放通用的信息中心

教育云平台作为开放通用的信息中心，集合了海量的教育资源，包括电子书籍、在线课程、多媒体内容、实践活动指南等。这些资源来自全球各地，涵盖了各个学科领域，可以满足不同教育阶段和不同教育需求的用户。此外，这个信息中心还提供了一站式的服务，如作业提交、成绩查询、在线咨询、协作学习空间等，极大地方便了教学管理和学习过程。

在大数据时代，开放通用的信息中心利用先进的数据分析技术，可以实时更新资源，自动推荐符合用户需求的内容，提高教育资源的利用率和教学的针对性。

（5）扩展性强、更新速度快

教育云平台以其超强的扩展性和快速的更新能力，成为教育创新的有力工具。平台能够快速适应新的教学方法、技术工具或教育理念的变化，允许教育者和学生立即获取最新的信息和教育资源。这种灵活性和时效性特别适用于快速变化的技术环境和不断更新的知识体系。

此外，强大的扩展性意味着平台可以无缝集成新的功能、应用和服务，为用户提供更丰富、更个性化的学习体验。在大数据环境下，平台可以利用用户行为数据、学习成果数据等进行智能分析，自动更新和调整资源，以最大限度地满足用户的实际需求。

（6）对用户端设备要求很低

教育云平台的另一大优势是对用户端设备的要求非常低。由于大部分数据处理和存储工作都在云端完成，用户只需要通过基本的互联网连接和标准的浏览器，就可以访问平台的所有功能和资源。这意味着学生和教师不需要高端的计算设备，也不需要安装复杂的软件，就可以随时随地进行学习或教学活动。

这种低要求的特点尤其对于资源有限的教育环境有重要意义，它消除了技术障碍，使所有人都能平等地享受高质量的教育资源和服务。

（7）高存储力、超强计算力

云教育平台提供了几乎无限的存储空间和极高的计算性能，可以支持大规模的在线课程、海量的用户数据、复杂的分析任务等。这一点在大数据时代尤为重要，因为教育活动产生的数据量正在呈指数级增长，传统的 IT 基础设施已无法满足这种增长的需求。

高存储力和超强的计算力使得云教育平台能够轻松处理大数据分析、机器学习、预测建模等高级任务，帮助教育者和政策制定者获得更深刻的洞察，优化教育资源配置，提高教学质量。

（8）强大的应用服务支持

教育云平台不仅仅是一个简单的技术平台，它还整合了一系列强大的应用服务，如在线协作工具、虚拟实验室、互动模拟程序等，为用户提供了一个全方位的教学和学习环境。这些应用服务通过云技术的支持，可以实现高效的资源共享、实时的信息交流、灵活的团队协作，极大地丰富了教育活动的内容和形式。

在大数据背景下，应用服务还能够根据用户数据进行智能优化，自动调整教学资源和学习路径，实现真正意义上的个性化教育。通过云平台的集成和支持，教育者和学生可以更加专注于教学和学习的核心活动，而不是技术问题。

综上所述，教育云平台通过其独特的技术特点，为现代教育提供了强有力的支撑，特别是在大数据时代，这些特点更是发挥了重要作用，推动了教育的创新和发展。

2.开发云教育的现实意义

（1）保障信息安全，数据集中管理

在当今快速发展的数字时代，信息安全成为教育行业的首要关注点。云教育通过集中的数据管理策略，确保信息资产的完整性、可用性和保密性。在集中的系统中，教育机构可以实施统一的安全控制措施，包括但不限于访问控制、加密、网络隔离、安全备份和恢复等，以减少数据泄露、丢失或被未经授权的第三方访问的风险。

此外，集中的数据管理还提供了一致的数据处理和存储标准，有助于遵守各种法规和合规要求，减少教育机构在多法域环境中的合规成本和复杂性。从宏观角度看，数据的集中管理还促进了数据质量的提升，因为数据输入、处理和分析都可以在同一套系统内一致和标准化地进行。这种集中化的数据战略，在大数据时代尤其显得重要，它支持了更复杂的数据分析，如预测分析和机器学习，从而帮助教育机构实现基于数据的决策，提升教育质量和效率。

（2）简化基础设施，降低建设成本

云教育代表了一种基础设施的简化，它消除了教育机构需要建设和维护复杂、昂贵的本地 IT 基础设施的必要性。通过利用云服务提供商的资源，教育机构可以按需使用计算能力和存储空间，从而避免了前期的大量资本投资和后期的维护成本。这种模式的经济效益尤其适用于资源有限和发展中的教育环境，它为这些环境提供了前所未有的机会，使他们能够使用先进的教学技术和资源。

在成本管理方面，云教育通过"按需付费"的模式提供了更大的灵活性。教育机构不再需要为未使用的服务或容量支付费用，可以根据实际需求调整资源，从而实现成本效益最大化。此外，云计算的可伸缩性使得教育机构能够在需求增加时迅速扩展资源，在需求减少时相应减少资源，这种弹性既保证了教学活动的顺畅进行，又进一步优化了成本结构。

（3）接入方式灵活，便捷开展教学活动

云教育平台通过互联网提供服务，使得教师和学生可以在任何有网络连接的地点接入教学资源和服务。这种接入方式的灵活性为教学活动的开展提供了极大的便利，打破了传统教育受物理空间限制的局面，特别是在当前远程教育和在线学习迅速发展的背景下，云教育使得无论在校内还是校外，教师和学生都能够高效地开展教学活动。

此外，云教育的灵活接入方式还支持了异步学习的模式，学生可以根据自己的时间安排和学习节奏接入学习资源，这不仅有助于提高学生的学习积极性，还有助于实现个性化学习，满足不同学生的独特需求。

（4）规范应用模式，实现资源共建共享

云教育平台促进了教育资源的标准化和规范化，这不仅简化了教学管理，也加强了资源的可用性和互操作性。在云平台上，资源可以被标准化、格式化，易于被搜索、共享和重用。这种规范的应用模式消除了教育资源碎片化的问题，提高了资源的利用率，也促进了教育公平。

更重要的是，云教育的这一特征支持了资源的共享和共建。教育机构、教师和学生可以跨越地理界限，共同创建和分享高质量的教学内容和最佳实践。这不仅丰富了教学资源，也促进了教育创新和教学方法的多样性。在大数据时代，这种共建共享的模式更是推动了基于数据的教学研究，教育者可以基于海量的学习数据，研究和开发更有效的教学策略，实现教育的持续改进和优化。

（三）高职云教育的参与主体

1.高职院校

在云教育的框架下，高等职业技术学院（高职院校）不仅是教育实施的场所，更是整个教育生态系统的重要组成部分。在大数据时代，通过云技术，高职院校能够积累大量教学、学习和运营相关的数据。借助高级分析工具和算法，这些数据被转化为深刻的洞见，引导院校管理层做出更明智的决策，优化教学方法，个性化学习路径，并提高教育成果。

首先，云教育允许高职院校摆脱传统的硬件依赖，通过云端资源实现教育资源的优化配置和扩展。这种数字化转型不仅提高了教育质量，还加强了高职院校在国内外的合作与交流，推动了教育的国际化进程。其次，通过云平台，高职院校能够构建更加开放的教育环境，实现教育资源的共享，促进了教育公平。最后，利用云计算在数据处理和存储方面的优势，高职院校可以更加高效地管理校园运营，提升管理效率和服务质量，实现可持续发展。

更重要的是，高职院校需要认识到，它们在云教育生态中扮演着引领者和推动者的角色。这不仅包括技术和资源的更新，还包括对教育模式、教育理念的创新，以及对教师、学生和家长等多方参与者的培训和引导，确保他们能够在这个快速变化的数字化时代中不断适应和发展。

2.高职教师

在高职云教育的环境中，教师的角色也发生了显著变化。他们不再仅仅是知识的传授者，而是成为学习过程的设计者、引导者和促进者。云技术赋予教师更多时间和资源来关注学生的个性化需求，设计更加丰富和多样的教学活动，以及进行更为深入的教育研究。

高职教师可以利用云教育平台上的各种工具和资源，进行教学内容的创作、课堂管理、学生评估等多种教学活动。他们能够根据学生的学习数据，及时调整教学策略，实现精准教学。同时，云平台上的协作工具也促进了教师之间的交流和合作，推动了教学经验和教育研究成果的共享。

此外，云教育也为高职教师自身的专业发展提供了支持。他们可以通过云平台接触到最新的教育理论、教学法和行业动态，参与在线研讨会和工作坊，提升自己的教育教学能力和研究水平。在此过程中，高职教师不仅是云教育的实施者，也是受益者，他们的成长和发展直接影响到教育质量和学生的未来。

3.高职学生

高职学生是云教育最直接的受益者，云技术极大地丰富了他们的学习方式和途径。在云教育环境中，高职学生可以随时随地访问各种教学资源，包括在线课程、虚拟实验室、互动教学应用等。这不仅提高了学习的灵活性，还使得学习更加自主和个性化。

借助云平台的数据收集和分析功能，学生可以获得关于自己学习进度和表现的实时反馈，这有助于他们自我监控和评估，及时调整学习策略。同时，云教育的协作工具和社交功能也增强了学生间的互动和合作，培养了他们的团队精神和社交能力。

值得注意的是，云教育也为高职学生的终身学习和职业发展打下了基础。学生可以通过云平台接触到与未来职业相关的最新知识和技能，参与行业交流和实习机会，为步入社会和未来职业生涯做好充分准备。

4.家长

在高职教育层面，家长虽然不是教育过程的直接参与者，但他们在学生的教育生涯中扮演着重要的角色。云教育平台为家长提供了一个窗口，让他们可以更加直观地了解和参与自己孩子的教育过程。

通过云平台，家长可以实时获得学生的学习进度、成绩、出勤情况等信息，这有助于他们及时了解学生的学习状态，提供必要的支持和引导。同时，家长也可以通过平台与教师进行沟通，参与家长会和讲座，增强与学校的联系和合作。

更重要的是，云教育强调的是学习者的主动性和自主性，家长的角色也由传统的监督者转变为支持者和合作伙伴。他们需要与学校和教师共同努力，为学生创造一个积极、健康的学习环境，鼓励学生探索兴趣，发展潜能，从而实现全面发展。

（四）云教育给高职教育带来的变革

1.促进教育公平

云教育作为一种新兴的教育模式，通过其独特的教育资源分配和获取方式，显著地促进了教育公平，尤其是在高等职业教育领域。在传统教育模式下，地理位置、经济条件、学校设施等因素往往成为影响教育公平的障碍。而云教育通过打破时空限制，使得更多的学生能够平等地获取高质量的教育资源。

首先，云教育通过互联网覆盖，减少了城乡、地区之间的教育差距。即便是偏远地区的学生，也能通过云平台接触到优秀的教师和先进的教学理念。这种不受地理限制的学习方式，极大地拓宽了学生的视野，平衡了教育资源的分布。

其次，云教育的灵活性体现在对不同学生个体的差异化教学上。基于云平台的数据分析功能，教师能够更精准地把握每个学生的学习特点和需求，实现个性化教学，这对于不同背景、不同层次的学生而言，是一种更为公平的教育关照。

最后，云教育的多样化教学资源和互动式教学方法，为不同学习方式的学生提供了支持。视听障碍学生可通过特殊的教学应用程序获得学习帮助，其他有特殊需求的学生也能找到适合自己的学习路径。

综上，云教育以其开放性、灵活性和包容性，为实现高职教育领域的教育公平做出了积极的贡献。

2.降低教育成本

云教育通过其高效的资源利用方式和技术手段，在实质上降低了高职教育的总体成本。传统的教育模式往往伴随着高昂的基础设施投入、昂贵的教材费用，以及固定的人力成本，而云教育则通过技术创新，实现了教育成本的优化。

首先，在基础设施建设上，云教育无需大量的物理设施，学校可以将更多的投入用于教学内容和质量的提升上。通过云服务，学校可以减少对硬件的依赖，降低维护成本和周期性更新的费用。

其次，在教材和教学资源上，数字化的教学内容大大降低了传统教材的印刷、更新和配送成本。学生可以实时获取最新的学习材料，同时教师也能快速地更新教学内容。

再次，在人力资源管理上，云教育提供了更高效的管理方式。自动化的管理系统减少了行政人员的工作量，同时也减少了因人为错误而产生的成本。

最后，在扩展教育服务上，云教育模式下的远程教学和在线课程为学校节省了额外的教学空间和设施，同时也扩大了教育服务的覆盖范围，提高了教育的性价比。

通过这些方式，云教育不仅降低了学校的运营成本，也减轻了学生和家庭的经济负担，实现了教育资源的高效利用。

3. 变革教学活动方式

云教育最引人注目的变革之一是对教学活动方式的彻底革新。这种变革不仅仅是在教学方法上的改进，更是教育理念、教学评估和师生互动方式的全方位更新。

在教学方法上，云教育打破了传统的填鸭式教学模式，推崇以学生为中心的探究式学习。通过线上互动、实时反馈和基于项目的学习任务，学生不再是被动接受知识的对象，而是积极参与、主动探索的学习者。这种变革使得学习过程更加符合学生的个性化需求，提高了学生学习的积极性和深入性。

在教育理念上，云教育强调的是批判性思维、创造性以及跨学科的综合能力。这要求教师不再局限于单一的知识传授，而是引导学生建立问题意识，培养学生解决问题的能力。因此，教学内容也更加注重实践性和现实性，与行业需求和社会发展紧密结合。

在教学评估上，云教育通过大数据和分析工具，为教师提供了更全面、更客观的评估方法。传统的考试和作业评分已不能全面反映学生的学习状况，而云平台可以追踪学生的学习过程，分析学生的互动、参与度和学习成果，形成多维度的评估。

在师生互动上，云教育强化了教师与学生之间的沟通。借助云平台，教师可以更便捷地监控学生的学习状况，及时给予反馈和指导；学生也可以更自由地表达意见、提出疑问。这种双向互动不仅增强了教学的效果，也加深了师生之间的理解和信任。

总体来看，云教育的这些变革为高职教育注入了新的活力，使其更加适应当代社会的发展需求。

4.助推终身教育

在知识更新速度极快的今天，终身教育成为每个人都必须面对的课题。云教育恰恰提供了一个平台，让终身教育成为可能。

云教育的灵活性和开放性为终身学习提供了无限的空间。不同于传统的教育制度，人们不需要在固定的时间、地点接受教育，而是可以根据自己的时间、节奏，选择不同的学习内容。这种自主性极大地鼓励了人们持续学习的积极性。

此外，云教育还支持跨界教育和再教育。在职业生涯中，人们可能需要掌握新的技能或转换职业方向，云平台上丰富的课程资源使得这一切成为可能。同时，云教育还为企业提供了员工培训的解决方案，帮助员工适应职场的快速变化。

在社会层面，云教育通过提供公开课、讲座、研讨会等形式，鼓励社会各界人士参与到终身学习中来。这不仅有助于提升公众的整体素质，也有助于形成一个持续学习、不断进步的社会氛围。

从这些角度来看，云教育为终身教育的普及和深入发展提供了有力支撑，对于推动个人成长和社会进步都具有重要意义。

二、教育云平台在高职院校教学融合中的应用

（一）更好地落实高职学生对教学的知情权

在高职教育的教学过程中，学生的知情权是一个关键因素，它关系到学生是否能够积极、主动地参与到学习中来。教育云平台以其独特的信息技术特点，为实现学生的知情权提供了更广阔的空间和可能性。

首先，教育云平台通过整合教育资源，为学生提供了一个全面了解课程信息、教学进度、考核标准等方面的渠道。在云平台上，所有的教学活动都可以得到记录和展示，学生可以在任何时间、任何地点访问这些信息，这不仅保证了信息的透明性，也使得学生能够更清晰地把握自己的学习状况，从而做出合理的学习计划和决策。

其次，教育云平台强调的互动性和实时性，使得学生的反馈和意见能够被及时收集和处理。传统的教学模式下，学生的声音往往难以被教师和教学管理者及

时听到，而云平台提供的多样化互动功能，如实时问答、讨论区、反馈调查等，让学生可以更直接地表达自己的疑问和建议，也促使教师和管理者更快地做出响应。

最后，教育云平台的个性化服务，能够充分考虑到不同学生的特点和需求。通过数据分析和智能推荐，平台能够为学生提供最适合他们的学习资源和指导建议，让每一个学生都感受到自己的需求和权利得到了尊重和满足。

综上所述，教育云平台通过提高信息透明度、加强师生互动、实现教学个性化，有效地保障了高职学生的知情权，这对于激发学生的学习积极性、增强教学效果具有重要意义。

（二）加速高职教师与学生观念的融合

教育云平台不仅仅是技术和信息的载体，更在思想观念层面上促进了高职教师与学生之间的沟通和融合。在当前高职教育中，教师和学生往往存在观念上的鸿沟，如对教学方法、评价标准、职业发展等方面的看法存在差异，这影响了教学的效率和质量。

教育云平台正是通过各种互动和共享机制，缩小了这种鸿沟。首先，平台上教师和学生可以更自由、更平等地交流思想。传统的教室环境下，教师的话语权往往占据主导，学生的观点较少被重视。而在云平台上，每个人的发言都有机会被看到和回应，这种开放的讨论氛围有助于双方更深入地理解对方的思考方式和期待。

其次，教育云平台鼓励基于证据的讨论和决策。当教师和学生在某个问题上意见不一时，可以通过数据、研究报告或专家意见等客观信息来支撑自己的观点。这种以事实和理性为基础的沟通方式，有助于双方建立共识，也避免了情绪化和主观臆断的争论。

最后，教育云平台通过展示多元化的教育观点和实践，扩大了教师和学生的视野。在这个平台上，来自不同学校、不同地区，甚至不同国家的教育资源和经验都可以被共享，教师和学生可以从中获取灵感，也可以对照自己的实际情况，调整自己的观念和做法。

综上，教育云平台通过提供一个开放、平等、理性的交流环境，促进了高职教师和学生在教育观念上的融合，这对于提高教学的针对性和有效性，实现教育目标具有积极的推动作用。

（三）提高师生交流的深度与广度

传统的教学模式由于受到时间、空间的限制，师生交流往往局限于课堂内，而且在交流的深度和广度上都有所不足。教育云平台的应用打破了这些限制，极大地丰富和拓展了师生交流的空间。

在深度上，教育云平台使得师生交流可以更加聚焦于学习的内容和过程。教师可以根据平台收集到的学生学习数据，深入了解学生的学习难点和兴趣点，从而在交流中给予更针对性的指导。同时，学生也可以通过平台，对自己的学习进行更深入的反思和总结，提出更具体、更深入的问题和看法。

在广度上，教育云平台为师生交流提供了更多的形式和渠道。除了文字的问答讨论，还可以通过视频会议、在线工作坊、协作项目等多种方式，让师生在不同的情境和层面上进行互动。这不仅增加了交流的趣味性，也使得交流的内容更加丰富和多元。

此外，教育云平台上的交流不再局限于特定的师生关系。学生可以和任何一位在线的教师进行交流，也可以和其他学校、其他地区的学生共同讨论和学习；教师也可以通过平台，与同行进行经验分享和专业探讨。这种超越传统边界的广泛交流，有助于打破信息孤岛，激发新的思想火花。

总之，教育云平台通过技术手段，拓展了师生交流的深度和广度，这不仅有助于提高学习的效率和质量，也有助于培养学生的自主学习能力和批判性思维，对个人和社会的发展都具有长远的意义。

（四）改变教与学的考核评价体系

教育考核评价体系是衡量教学成效、引导教学改革的重要工具。传统的考核评价体系往往注重知识的记忆和重现，忽视了学生的实践能力、创新能力和综合素质的培养。教育云平台的运用，为构建更符合当代教育目标的考核评价体系提供了可能。

首先，教育云平台可以实现对学生学习全过程的记录和分析。传统的考核多依赖于期末考试等少数几次的评价，难以全面反映学生的学习状态。而云平台可以跟踪学生的每一次在线活动，如讨论参与、作业提交、自我测试等，形成连续的评价数据。这种基于过程的评价，不仅可以更真实地反映学生的学习效果，也可以及时发现和纠正学习中的问题，引导学生更有针对性地进行学习。

其次，教育云平台支持多元化的评价方式。除了传统的笔试、口试，还可以通过项目作业、实践表现、同伴互评等多种方式来评价学生的表现。这种多元化的评价体系，可以从多个角度、多个层面考查学生的能力和素质，避免了单一评价标准可能带来的偏颇。

最后，教育云平台上的评价可以更加个性化、发展性。通过智能分析，教师可以根据每个学生的实际表现和成长需要，给予差异化的评价和反馈。而不是简单地依据统一的标准"一刀切"。这种评价注重学生的个体差异和长期发展，更符合教育的本质要求。

综上所述，教育云平台的应用，推动了高职教育考核评价体系的现代化改革，这对于提高教学质量、培养合格的高职人才，具有重要的策略意义。

第二节　移动学习平台

一、关于移动学习和移动学习平台

近年来，移动学习已经逐渐走入学习者的身边。但关于移动学习的定义，学者和专家们还没有统一的标准。笔者对已有文献进行梳理发现，目前被普遍接受和引用的是："移动学习是一种利用无线通信网络技术和无线移动通信设备（智能手机、Pad 等）来获取教育信息、教育资源与教育服务的新型学习模式。"移动学习极大地满足了学习者在课下利用碎片时间进行学习的需求，其特有的性质如下：

（一）学习环境是移动的

由于传统教学的学习环境是在固定教室中面对面的教学，学习活动仅限于教室或者实验室，移动学习能够利用自身的优势，让学习者可以在任何时间、任何地点（如学校、家里、车上等）通过智能设备开展学习。

（二）学习方式是个性化的

由于移动学习不再是在传统的固定教室中进行，学习者可以随时随地根据自身需求进行预习复习、查漏补缺，具体学习的方式是个性化的、是因人而异的。

（三）学习内容是交互的

开展移动学习的设备必须能够快速地呈现学习内容，并且该设备能够实现学生、老师、资源三者之间的交互，达到学习的高效性。

（四）学习过程是非正式的

移动学习使师生从传统的集中、统一的学习方式变成个别的、个性的方式，学习者可以利用自己的零碎时间（如课下的零碎时间、等公交车的零碎时间等）随时随地进行学习。这种学习方式是非正式的，极大地增加了学习者的学习机会，很好地填补了教学的空白。

移动学习平台是为移动学习服务的一种环境，它是指利用移动通信工具与信息技术工具搭建的能够使学习者进行移动式学习的学习软件以及硬件环境。通过对国内外移动学习平台的了解，从技术开发角度出发，可以将其分为以下几种。

一是基于 C/S 的移动学习平台。C/S，即 Client /Server（客户 / 服务器）。基于 C/S 模式的移动学习平台开发是直接在移动终端进行开发的应用软件，以该种方式开发的学习平台现今已屡见不鲜，这种开发模式需要专门的技术人员来进行开发，安全性高，独立性强，但由于移动终端设备有不同的操作系统（如 Android、IOS、Symbian.Windows Phone 和 Black Berry 等），各种操作系统间软件的开发平台不一致，导致兼容性问题，使得开发成本高，开发难度大，开发周期长，维护难度大等，此种方式不利于教师迅速建立教学的移动学习平台。

二是基于 B/S 的移动学习平台。B/S，即 Browser /Server（浏览器 / 服务器），是针对服务器端开发的技术手段。实现此系统的架构不需要复杂的技术手段，只需要开发者对不同的学习内容显示的页面进行转换即可，这种开发模式的难度、周期、风险相对于 C/S 模式来说较小，但存在用户需要记住学习平台的网址、用户名、密码等一系列烦琐的事务，容易造成学生用户的流失，造成学生学习效果不佳等问题。

三是借助第三方软件的移动学习平台。此种开发模式是指结合在移动终端应用广泛的 APP（如微信、QQ、微博、支付宝等）对此进行二次开发整合，具体方法是通过第三方软件的应用开发接口（API）实现功能的扩展。由于借助的第三方软件是贴近用户使用习惯的，无需安装额外的软件，无需再去记烦琐的用户名、密码，可以实现方便与性能之间的平衡，利于教师开展教学。

二、高职教学基于 Moodle 平台的移动教学平台应用

随着移动技术的普及和高等教育教学模式的转变，移动学习（M-Learning）已经成为教育技术领域的一个重要分支。在高等职业教育中，基于 Moodle 的移动教学平台具有推动教学创新、拓宽学习边界的潜力。此处旨在探讨 Moodle 在高职教学中的应用，分析其在教学策略、实践活动以及面临的挑战等方面的情况，为高职院校提供在移动教学实践中的参考和指导。

当今社会，移动技术的快速发展极大地改变了人们获取信息和知识的方式，教育领域也不例外。移动学习作为一种新兴的学习模式，利用移动设备突破时间和空间的限制，为学习者提供随时随地的学习机会。在高等职业教育中，有效地利用移动学习资源和平台，不仅可以丰富教学方法，还能满足不同学生的个性化学习需求，提高教学效果。Moodle 作为一种广泛使用的学习管理系统，因其开放性、灵活性和丰富的功能，成为实施移动学习的理想平台。

（一）Moodle 移动教学平台的特点与功能

Moodle 是一种免费的开源学习管理系统，它通过在线的方式提供创建和管理课程的工具，是全球许多教育机构广泛使用的电子学习平台。

1. 开放性与灵活性

Moodle 作为一种开源的学习管理系统，在全球教育领域享有盛誉，其开放性与灵活性是广受认可的两大核心特征。在高等职业教育的背景下，这些特性尤为重要，因为它们直接影响到课程内容的丰富性、教学方法的多样性以及教育资源的可拓展性。

首先，Moodle 平台的开放性体现在其作为开源软件，为全球教育者提供了一个共享、协作和自主创新的空间。不同于封闭的商业软件，Moodle 鼓励用户——特别是教育者和开发者——参与到软件的改进和定制中来，这一点对于高职院校意义重大。由于高职教育往往需要针对特定行业的需求来设计课程，开放源代码使得学校能够根据自身特定的教学需求和教育目标，对教学平台进行必要的定制和优化。

其次，灵活性是 Moodle 的另一大优势，它允许教师根据不同学科的特点、学生的学习特征以及教学目标的多样性，灵活地设计课程结构、教学活动和互动方式。例如，教师可以在同一平台上整合视频、在线测验、实时讨论和协作任务，

也可以根据课程进度和学生反馈灵活调整教学资源和活动。更重要的是，Moodle 支持多种教学策略的实施，如探究式学习、问题导向学习（PBL）及翻转课堂等，这些都是高职教育中至关重要的教学方法。

综上所述，Moodle 在高职教育中的开放性与灵活性不仅为教师和学生提供了一个自主学习和教学的环境，而且为学校在满足行业特定需求时提供了强有力的技术支持。

2. 互动与合作

Moodle 平台通过其先进的技术手段，为高职教育中的互动与合作提供了多样的可能性。在教育过程中，交流和合作是促进知识内化、技能提升和批判性思维发展的关键因素，特别是在职业教育这一实践性很强的领域。

Moodle 平台提供了一系列互动工具和协作功能，如论坛、实时聊天、Wiki、工作坊以及小组项目等。这些功能将教师、学生和教学内容紧密地联系在一起，构建了一个互动性强、合作密切的学习社区。在这样的学习社区中，学生不再是被动接受信息的对象，而是积极参与者和知识的共同建构者。

通过论坛和实时聊天，学生可以就课程内容提出疑问、分享观点、进行讨论，这不仅有助于他们对知识的理解和应用，也有助于培养他们的沟通能力和团队协作精神。通过 Wiki 和工作坊，学生可以在教师的指导下，合作完成研究项目或案例分析，这在提高他们的实践能力和问题解决能力方面起着重要作用。

因此，Moodle 通过其丰富的互动与合作工具，极大地促进了高职学生的主动学习和深度学习，同时也加强了对他们未来职业生涯所需的关键素养的培养。

3. 移动适应性

随着移动技术的飞速发展，移动学习已成为教育技术领域的一个重要分支。Moodle 平台凭借其出色的移动适应性，在这一变革中占据了重要位置。对于高职院校而言，这一特点尤为关键，因为它直接关乎教育资源的可及性和学习的便捷性。

Moodle 的移动应用（Moodle Mobile）是一个特别为移动设备优化的应用程序，它允许学生和教师通过智能手机或平板电脑随时随地访问教学资源、进行交流合作和完成学习任务。这一移动适应性特别满足了高职学生多样化的学习需求和忙碌的学习生活，使他们能够在通勤、实习或是工作间隙充分利用零碎时间进行学习。

此外，Moodle Mobile 不仅提供了与桌面版本相同的教学和学习功能，而且还考虑了移动设备的特性，为用户提供了离线学习、推送通知以及设备功能（如摄像头、麦克风）的集成，这极大地丰富了移动学习的场景和体验。

因此，Moodle 的移动适应性为高职学生提供了一个无处不在、随需应变的学习环境，这不仅有助于提高他们的学习动机和参与度，也有助于建立一个更加开放、灵活的教育体系。

4.评估与反馈

在教育过程中，评估和反馈是促进学生学习、指导教学改进和保证教学质量的关键环节。Moodle 平台在这方面提供了全面而深入的支持，尤其是在与高职教育紧密相关的技能评估和形成性评估方面。

Moodle 包含了多种评估工具和方法，如在线测验、作业、问卷、互评和自评等，这些不仅可以用来测试学生的知识掌握情况，也可以评估他们的技能和能力。更重要的是，这些评估活动可以与 Moodle 的成绩册模块无缝集成，自动记录和计算学生的成绩，为教师提供了一个实时、全面的学生学习情况监控系统。

与此同时，Moodle 还强调反馈的重要性，它允许教师在学生提交作业或完成测验后及时提供个性化的反馈。这种及时而有针对性的反馈有助于指导学生认识自己的学习盲区和不足，帮助他们改进和提高，从而实现有效学习。

在高职教育的背景下，这种持续的、形成性的评估和反馈机制尤为重要，因为它不仅关乎学生专业技能的培养和实践能力的提升，也关乎教育的质量和效益。通过 Moodle 平台的评估与反馈，教师可以更加精准地掌握教学效果，及时调整教学策略，同时也帮助学生建立正确的自我评价，培养他们的自主学习和终身学习能力。

（二）Moodle 在高职教学中的策略与实践

1.翻转课堂

翻转课堂是一种创新的教学模式，它调整了传统教学活动的顺序，通过将课堂内外的学习活动进行转换，使得学生在课外通过观看视频讲座、阅读资料等自主获取知识，而课堂时间则用于讨论、实践活动和个性化指导。在高职教育中，这种教学模式尤其重要，因为它更加注重实践能力的培养和个性化学习需求的满足。

Moodle 平台在翻转课堂策略的实施中发挥着关键作用。首先，教师可以利用

Moodle 丰富的资源上传功能，提前为学生准备教学视频、电子书籍、在线测验等学习材料。这些数字化资源不仅便于学生在任何时间、任何地点进行自主学习，还可以包含互动元素，如自检测题、讨论区等，增强学生的学习体验。

其次，翻转课堂强调课堂时间的有效利用。在 Moodle 平台上，教师可以组织各种形式的实践活动，如小组讨论、案例分析、角色扮演等。平台的高度互动性和实时反馈机制使教师能够更好地监控学生的课堂参与情况，及时调整教学策略，确保每个学生都能在课堂上得到充分的指导和实践机会。

最后，Moodle 的评估工具可以帮助教师对学生的预习情况和课堂表现进行全面评估，形成性评价促进学生对自身学习的反思和知识的巩固。这样的教学模式，不仅提高了课堂的教学效率，也更有利于学生实践能力的培养和批判性思维的发展。

2.项目式学习

项目式学习是一种学生中心的教学法，要求学生围绕复杂问题开展深入研究，并制定实际的解决方案。在高职教育中，此方法有助于培养学生的实践技能、团队协作能力和创新思维。

Moodle 为项目式学习提供了完善的平台支持。在项目的启动阶段，教师可以通过上传项目说明、评分标准和参考材料来明确项目要求和目标。同时，Moodle 的讨论区和小组功能可用于学生团队的构建和初步讨论，帮助他们明确项目方向和分工。

在项目实施阶段，学生可以利用 Moodle 平台的多种资源和活动模块进行信息收集、数据分析和方案设计。平台的协作工具，如 Wiki 和工作坊，可以支持学生在线协作，共同编辑文档、互相评审进度，从而提高团队协作效率。

至于项目展示阶段，Moodle 允许学生通过上传文件、在线展示或视频会议的方式，向全班或教师展示他们的成果。教师和同学可以通过平台提供的反馈和评论功能，对每个项目进行评价和讨论，这不仅有助于学生吸取经验、改进方案，也促使他们学会如何评价他人的工作并从中学习。

通过 Moodle 支持的项目式学习，学生不仅能够在解决实际问题中运用所学知识，还能在项目过程中发展关键的职业技能，如沟通、协作和问题解决能力，这对他们未来的职业生涯具有重要意义。

3. 自主学习

高职教育强调学生的自主性和职业能力的发展，而自主学习是培养学生这些素质的有效路径。自主学习强调学生对自己学习过程的主导权，包括设定学习目标、选择学习资源、评估学习进度等。

Moodle 平台通过其个性化的学习环境和灵活的学习资源，为自主学习提供了有力支持。首先，它允许学生根据自己的学习需要和进度，自由访问各种学习资源和活动。这种灵活的学习方式不仅有助于满足不同学生的个性化学习需求，也更有利于他们根据自己的兴趣和职业规划进行深入学习。

其次，Moodle 的自评和互评功能能够促进学生对自身学习的反思和评价。通过参与自评和互评活动，学生可以更清楚地认识自己的优势和不足，了解自己在课程中的表现和位置，从而进行有针对性的改进。

最后，Moodle 的追踪报告功能可以帮助学生监控自己的学习进度和成果。这些数据不仅反映了学生的学习表现和活动参与度，也可以作为他们设定新学习目标和制订学习计划的依据。

综上，Moodle 通过提供一个个性化、自主化的学习环境，帮助高职学生培养自主学习能力和终身学习的意识，这对他们适应快速变化的职业世界具有重要价值。

4. 混合式学习

混合式学习是一种将传统面授教学与现代电子学习相结合的教学模式。通过这种模式，学生可以在面对面的互动教学中获得直接的指导和反馈，同时又可以利用线上资源和活动进行扩展和深化学习。

在 Moodle 平台上，混合式学习可以得到有效实施。教师可以根据课程特点和学生需求，设计出结合线上线下活动的教学方案。例如，理论讲授可以通过线上视频和文档的形式进行，而课堂时间则更多地用于讨论、案例分析或实验操作。

Moodle 丰富的通信工具和协作工具也为混合式学习中的互动和协作提供了便利。教师和学生可以通过论坛、聊天室或直播讲座进行实时交流，分享想法和反馈，增强教学的互动性和实效性。

此外，Moodle 平台上的自动评分和反馈系统也可以大大提高混合式学习的效率。学生的线上活动和作业可以得到及时的自动评分和反馈，帮助他们及时了解自己的学习状况，调整学习策略。

Moodle 支持的混合式学习，不仅可以拓展教学空间，延伸教学时间，还可以根据学生的具体情况进行个性化教学，使得学习更加灵活、高效、有效。这种教学模式在高职教育中尤为重要，因为它能更好地结合理论教学和职业技能训练，满足高职教育的特殊需求。

（三）面临的挑战与对策

1.技术挑战与对策

高职院校在使用 Moodle 移动教学平台时，首先面临的是技术挑战。包括网络基础设施不健全、平台稳定性不足、数据安全和隐私保护等问题。

加强基础设施建设是基本解决方案。学校需要投资更新教学硬件，如服务器、宽带等，以支持大量用户同时在线学习。此外，进行定期的技术维护和升级，以确保平台的稳定性和安全性。对于数据安全和隐私保护，学校应制定严格的信息安全政策，并使用加密、双重认证等技术手段，保护学生和教师的数据不被未经授权的第三方获取。

2.教师和学生的技能挑战

不是所有教师和学生都能熟练掌握使用 Moodle 平台的技能，他们可能对于新技术接受度低、操作使用不熟练，甚至产生抵触心理。

组织系统的培训是关键。这包括为教师和学生提供从基础操作到高级应用的多层次、多形式的培训。同时，通过教研活动、工作坊、线上社区等形式，鼓励教师分享使用经验、交流教学策略，从而降低他们的抵触心理，提高接受度。对于学生，可以在课程开始时进行操作培训，或创建在线教程，指导他们如何有效使用平台资源。

3.教育资源的匮乏

即便平台已搭建，教育资源的质量和数量也会直接影响教学效果，现有的教育资源可能与高职教学的特点不符，不能满足学生的学习需求，或者资源分布不均，优质资源匮乏。

学校应当鼓励和支持教师自主开发与课程紧密相关的教学资源，这些资源应当符合高职教学的特点，贴近学生的实际应用场景。同时，可以与其他院校、教育机构合作，共享教育资源，扩大资源库。此外，学校还需要设立专门的团队，负责审核上传到 Moodle 平台上的所有教育资源，确保其质量和适用性。

4.评估和反馈机制不完善

传统的评估方法可能不适用于 Moodle 平台的在线学习模式，缺乏及时、有效的反馈机制，学生的学习进度和问题不能得到快速的响应。

应改革评估体系，构建与移动教学相适应的评估机制。利用 Moodle 平台的数据分析功能，对学生的在线行为、学习成果进行追踪和分析，形成及时、个性化的反馈。同时，教师应该定期检查分析报告，及时调整教学策略，帮助学生解决学习中遇到的问题。

三、高职教学微信移动学习平台应用

在 21 世纪的教育领域，随着移动互联网技术的飞速发展，移动学习已成为教育技术发展的新趋势。特别是在高等职业技术教育中，利用微信等社交媒体平台进行教育教学活动，不仅能满足现代学生对移动学习的需求，还能够突破传统教育的时空限制，构建一个灵活、动态、互相协作的新型学习环境。以下将详细阐述高职教学中微信移动学习平台的应用及其意义。

（一）微信移动学习平台的教育潜力与教学应用

1.微信移动学习平台的教育潜力

（1）无处不在的学习环境

微信作为一种社交工具，几乎覆盖了所有用户的日常生活。学生无需额外设备，即可随时使用智能手机接入微信，实现随时随地的学习，这种无所不在的学习环境极大地便利了学生的学习过程。

（2）丰富的互动性与协作性

微信支持文字、图片、视频、语音等多种信息交流方式，使得教师与学生、学生与学生之间的交流更加直观和深入。同时，微信群组等功能也便于形成学习小组，促进学生之间的合作与交流。

（3）个性化学习体验

微信公众平台可以推送定制化的学习资源，教师可以根据学生的学习进度和特点，推送不同的学习材料和任务，实现个性化教学。

（二）微信移动学习平台在高职教学中的应用

微信作为一种普及率极高的社交应用，在教育领域的拓展为传统的高职教学方式带来了新的变革。借助微信移动学习平台，高职教学的多个方面得以得到增强，特别是在课程学习、实时互动、学习评估与反馈，以及实习实训支持等环节。

1. 课程学习

微信移动学习平台彻底改变了传统的课程学习模式，为学生和教师提供了一个更加灵活和互动的学习环境。

（1）资源共享

教师可以通过微信群或公众号，分享课程大纲、教学日程、学习资料、参考链接等，学生可以随时查阅，克服了传统教学中地点和时间的限制。这种即时的资源共享方式大大促进了学生的自主学习能力，并激发了他们的学习兴趣。

（2）多媒体教学

微信支持文字、图片、音频、视频等多种格式，教师可以根据教学需要，发布不同形式的教学内容。如视频课程、音频讲座等，丰富的教学形式能满足不同学生的学习偏好，增加学习的趣味性。

（3）实时更新

基于微信平台的即时性，任何课程的调整、更新信息都可以快速通知到学生，保证了教学管理的高效性，并且让学生始终掌握最新的课程动态。

2. 实时互动

微信强大的社交功能极大地促进了师生、生生之间的实时互动，形成了良好的学习氛围。

（1）答疑解惑

教师可以设定"在线答疑时间"，学生在复习和自学过程中遇到的问题可以通过微信实时提问，教师即时回复，这种及时的反馈机制能有效地解决学生的学习困惑，推动学生的学习进程。

（2）讨论互动

通过建立学习讨论群，鼓励学生发表自己的见解，与同学进行在线讨论，不仅能够激发学生的思维活力，还能培养他们的团队合作精神和批判性思维。

（3）情境模拟

教师可以在微信群中发布特定的学习场景或案例，引导学生进行角色扮演、情境分析等活动，通过实时互动，增强学生的实践操作能力和问题解决能力。

3.学习评估与反馈

借助微信平台，教师可以实施更加灵活多样的学习评估，及时了解学生的学习状况，并提供即时反馈。

（1）在线作业与测试

教师可以通过微信发布作业任务和在线测试，学生提交作业或完成测试后，教师可以在较短的时间内给出评分和反馈，加快了评估过程，也使学生能够更快地根据反馈调整学习方法。

（2）互动评价

微信平台上，同学之间可以进行互评，如对小组项目的评价、同伴评审等，这不仅可以培养学生的批判性思维和团队合作精神，还能让他们从多角度接收反馈，全面了解自身的学习表现。

（3）实时调查与反馈

教师可以利用微信的投票、问卷调查功能，实时收集学生对课程的意见和建议，及时调整教学策略和内容，使教学更加符合学生的需求和喜好。

4.实习实训支持

微信还可作为实习实训的重要辅助工具，提高实训效率和质量。

（1）实习指导

在学生进行校外实习时，教师可以通过微信进行实时指导，解答学生在实习过程中遇到的问题，确保实习质量。

（2）实训日志

学生可以通过微信，记录自己的实习经历和心得，教师和同学可以及时点评，形成有效的互动交流，加深理论与实践的结合。

（3）实习成果分享

通过微信平台，学生可以分享自己的实习成果，如研究报告、项目展示等，扩大成果的影响力，同时也能从他人成果中学习经验，提升自身能力。

四、微信移动学习平台面临的挑战及策略

（一）面临的挑战

1.学习干扰与隐私问题

微信作为一款社交应用，用户通常还会使用其进行日常社交活动，这就可能

导致学习时受到非学习内容的干扰。例如，广告消息、社交动态更新等都可能分散学生的注意力。此外，隐私保护也是微信教学中不容忽视的问题。学生和教师的部分个人信息可能会在未经允许的情况下被泄露，这不仅威胁到用户的个人隐私安全，也可能影响到师生之间的互信关系。

2. 教学内容的质量监控

由于微信平台的开放性，任何人都可以发布和传播信息，这就大大增加了教学内容的不确定性和风险性。一些未经验证的、质量不高的甚至是错误的学习资源可能会被学生接触并应用于学习中，这对学生的学习效果和认知发展可能产生不良影响。

3. 师生沟通的界限模糊

微信平台的社交属性使得师生之间的正式界限变得模糊，可能会导致一些不专业的互动，这不仅可能影响教师的教学权威，也可能影响学生的学习效果和师生关系的健康发展。

（二）应对策略

1. 规范使用指南

在微信移动学习平台的实际应用中，第一步需要制定一套全面的规范使用指南。该指南不仅需要涵盖技术操作层面的指导，还要涉及教学行为、师生互动、内容发布等方面的规范，确保平台的使用更加专业、高效和安全。

（1）教师指南

需要为教师提供明确的指导方针，比如：如何发布课程通知，如何分享教学资源，如何组织线上互动，以及如何处理学生信息和反馈等，确保教学活动的专业性和教师形象的正统性。

（2）学生指南

对于学生而言，指南应包括如何正确使用平台进行学习，如何保护自己的隐私，如何进行有效沟通，以及如何安全地存储和共享信息等，帮助他们在保障自身权益的同时，充分利用教学资源。

这种规范使用指南的制定和实施，需要教育管理部门、学校和教师的共同努力。只有在所有利益相关方的参与和监督下，才能确保微信移动学习平台成为一个安全、高效和有益的教学环境。

2.内容审核机制

由于信息的开放性和即时性，微信移动学习平台上可能会出现各种不准确、不适当甚至是有害的教学内容。为此，必须建立一套严格的内容审核机制。

（1）前置审核

在内容发布之前，通过专业团队对教学材料、通知公告以及互动内容进行审查，以确保所有发布的信息都是准确、相关且有教育意义的。

（2）实时监控

在教学活动进行中，实施实时监控，一旦发现不适宜内容立即进行处理，避免其对学生产生不良影响。

（3）后续评估

对已发布的内容进行定期回顾和评估，总结经验教训，不断优化内容质量和审核流程。

这一机制的有效实施需要足够的人力物力投入，以及专业的审核团队支持，确保内容的教育性和适宜性。

3.职业道德培训

微信作为一种社交工具，其在教学中的应用容易模糊师生之间的专业界限，因此，加强职业道德培训显得尤为重要。教育部门和学校应定期为教师提供职业道德培训，强调在使用微信移动学习平台时应保持的专业态度和行为准则，如保护学生隐私、避免过度亲近、保持教学权威等。

第三节　翻转课堂

一、翻转课堂的基本理念

翻转课堂有很多名称，诸如颠倒教室、翻转教学、颠倒课堂、翻转学习等，其实意思都一样。到底什么是翻转课堂呢？这是从英语"Flipped Class Model"翻译过来的术语，一般被称为"翻转课堂教学模式"。

传统课堂教学模式中，教师在课堂上讲课，讲完后布置课后作业，让学生在课外练习。与传统课堂教学模式不同，在翻转课堂教学模式中，教师创建教学视频，学生在课外观看视频中教师的讲解，主要在课外完成知识的学习，课堂则变成了教师与学生之间、学生与学生之间互动的场所，课堂上教师主要通过组织答疑解惑、交流讨论、知识运用等活动帮助学生完成知识的习得，从而达到更好的教学效果。

因此，所谓翻转课堂，就是教师创建教学视频，学生可以在课外观看教师的讲解视频进行学习，回到课堂上与教师、同学面对面交流和完成作业这样一种教学形态。

乔纳森·贝格曼和亚伦·萨姆斯通过下面的问答使我们更加准确地厘清翻转课堂的含义。

（一）翻转课堂不是什么

1.不是在线视频的代名词。翻转课堂除了教学视频外，还有面对面的互动时间，学生与同学和教师一起发起有意义的学习活动。

2.不是视频取代教师。

3.不是在线课程。

4.不是学生无序学习。

5.不是让整个班的学生都盯着电脑屏幕。

6.不是学生在孤立地学习。

（二）翻转课堂是什么

1.是一种手段，增加学生与教师之间的互动和个性化的接触时间。

2.是让学生对自己学习负责的环境。

3.教师是学生身边的"教练"，不是在讲台上的"圣人"。

4.是混合了直接讲解与建构主义的学习。

5.是学生缺席课堂，但不被甩在后面。

6.使课堂的内容得到永久存档，可用于复习或补课。

7.是所有学生都积极学习的课堂。

8.是让所有学生都能得到个性化教育的课堂。

二、翻转课堂的特征

翻转课堂模式作为一种革新的教育教学模式，在全球范围内被越来越多的教育机构和教师采纳。这种教学模式最突出的特点是它改变了传统教学参与者的角色、优化了课堂时间的使用，并且显著增强了课堂互动。以下是对翻转课堂几个关键特征的详细阐述。

（一）教师角色发生转变

在翻转课堂模式中，教师不再是知识的唯一传授者，而是变成了学生学习过程中的指导者和辅导者。这一转变意味着教师在教学过程中更多地扮演着引导、激励、提供个性化支持和资源的角色，而非单一地传授知识信息。教师的角色从"舞台上的表演者"转变为"幕后的导演"，注重启发学生的思维，培养学生的问题解决能力，而不是简单地完成教学任务。教师在这一模式下需要具备更高的专业素养、更丰富的教学策略，以及对学生差异化需求的敏锐洞察力。

（二）学生角色发生转变

翻转课堂强调学生的主体地位，学生从被动的知识接收者转变为主动的知识构建者和参与者。在这一过程中，学生需要在教师的指导下，通过查阅资料、观看教学视频、参与线上讨论等方式，对新知识进行自主学习和预习。课堂时间则用于讨论、提问、实践操作等深层次的学习活动。这就要求学生具备独立获取、分析信息的能力和更主动的学习态度，也就使学生能够根据自己的学习节奏和风格，构建适合自己的知识体系。

（三）课堂时间的重新分配

翻转课堂的一大特色是对课堂时间的优化重组。传统模式下大量课堂时间被用于知识点的讲授，而在翻转课堂中，这一部分转移到课外，通过视频讲座、在线课程等形式完成。而宝贵的课堂时间则被释放出来，用于进行小组讨论、案例分析、实验探究等更加活跃和深入的学习活动。这种重新分配使得课堂时间更加高效，学生的深度学习得到保障，同时也更有利于教师发现和解决学生在学习中遇到的问题。

（四）"翻转"增加了学习中的互动

翻转课堂强调互动性，这种互动不仅发生在学生与教师之间，还包括学生与学生之间的合作与交流。通过小组讨论、同伴评审、案例研究等活动，学生之间可以分享信息、观点，彼此解决疑惑，共同完成学习任务。同时，教师与学生间的互动也更为频繁和深入，教师可以根据学生的反馈及时调整教学策略，提供针对性指导。这种高度的互动性使得学习过程更加生动，学生的参与感和团队合作能力得到显著提高，也更有利于培养学生的批判性思维和创新能力。

三、翻转课堂在高职教育发展中的重要性

翻转课堂作为教育领域的一种创新教学模式，近年来在全球教育界引起了广泛关注。它通过改变传统的教学结构，使得学生在课堂之外获取信息，在课堂内进行深度讨论和实践，从而实现了课堂教学时间的优化使用。在高等职业教育领域，翻转课堂模式的引入被视为提高教育质量和培养应用型人才的有效策略。以下将从几个方面详细探讨翻转课堂在高职教育中的重要性。

（一）提升学生的实践能力和应用能力

高等职业教育的核心任务之一是培养学生的实践技能和应用能力，使他们能够快速适应职场的需求。翻转课堂教学模式强调"课堂外学习，课堂内实践"，使得学生有更多时间在课堂上进行实践操作、案例分析、问题解决等活动。这不仅可以加深学生对理论知识的理解，还能在实践中培养他们分析问题、解决问题的能力。同时，通过这样的教学活动，学生可以将所学知识与实际工作紧密结合，提高其应用能力和创新能力，更好地满足社会和产业的需求。

（二）培养学生的自主学习能力和批判性思维

翻转课堂要求学生在课前就完成对基础知识的学习，这要求学生具备一定的自学能力和自律性。在这个过程中，学生学习如何管理自己的学习进度，如何独立寻找和筛选信息资源，如何解决学习中遇到的问题。这些都是自主学习能力的重要组成部分。同时，在课堂上，教师通常会组织各种讨论、研讨和案例分析等活动，这不仅需要学生能够独立思考，还需要他们具备批判性思维，能够对问题进行深入分析和评价。这些能力在未来的工作中都是非常重要的。

（三）实现教育资源的优化配置和个性化教学

传统的课堂教学模式往往由于时间和资源的限制，难以对每个学生的个性化需求进行满足。而翻转课堂通过线上提供教学资源，使得学生可以根据自己的节奏和特点来学习，实现了一定程度的个性化教学。另一方面，教师在课堂上不再花费大量时间进行基础知识的讲授，而是将更多时间用于指导学生进行深度学习和实践操作，这使得有限的教育资源得到了更合理的配置。通过这种方式，翻转课堂有助于发挥教师和教育资源的最大效用，提高教学效率和教育质量。

（四）加强师生间的互动和交流

翻转课堂强调师生互动，鼓励学生在课堂上提问和讨论，这使得教师能够更直接地了解学生的学习情况和需求，及时给予反馈和指导。同时，这种互动也促进了师生之间的沟通，帮助建立良好的师生关系，有利于创建积极的学习氛围。此外，学生之间的交流和合作也会因此而增加，有助于培养他们的团队合作精神和社会交往能力。

四、大数据与翻转课堂的结合

在 21 世纪的信息时代，大数据已经成为各行各业发展的重要驱动力，教育领域也不例外。特别是在高等职业教育中，大数据与翻转课堂的结合正在引发教学模式的革新，这种融合不仅极大地丰富了教学方法，还为提升教学效果提供了新的途径。

（一）数据驱动的个性化学习路径设计

在传统的翻转课堂模式中，所有学生通常需要在课前完成相同的预习任务。而在大数据的支持下，教师可以根据每个学生过去的学习记录、测试成绩、在线学习行为等数据，分析其学习风格、能力强弱、知识掌握情况等，从而为其设计更符合个人需要的预习任务和学习路径。这种个性化的学习路径设计能够确保每个学生都能在自己的节奏和难度水平上进行学习，提高学习效率和成果。

此外，大数据还能帮助教师实时追踪学生的学习进度和状态，及时发现学习困难和问题，从而在课堂上有针对性地进行辅导，确保每个学生都能跟上课程的进度。

（二）优化教学内容和方法

通过收集和分析学生的学习数据，教师可以了解哪些教学内容是学生感兴趣的，哪些是他们难以掌握的，哪些教学方法能够激发他们的学习热情，哪些则效果不佳。基于这些数据，教师可以及时调整教学计划，包括更新教学内容、改进教学方法、使用更合适的教学资源等，从而不断优化教学过程，提升教学质量。

例如，如果数据显示大部分学生在某个知识点上都有困难，教师就可以在课堂上花更多时间解释这个问题，或者设计相关的小组讨论、案例分析等活动来帮助学生深入理解。反之，如果大多数学生已经很好地掌握了某个知识点，教师就可以跳过或缩短相关内容的讲解，把时间用于其他更需要的地方。

（三）提高课堂互动性和参与度

大数据技术可以实时收集和分析学生在课堂上的互动行为数据，如发言频率、小组合作情况、使用电子设备的情况等。教师可以根据这些数据了解学生的参与度，发现不积极参与课堂活动的学生，并采取措施鼓励他们更多地参与进来。

此外，教师还可以利用数据分析结果，设计更能引起学生兴趣和参与的课堂活动。例如，如果数据显示学生对小组竞赛特别感兴趣，教师就可以组织更多这样的活动。通过这样的方式，大数据不仅可以提高学生的学习积极性，还能增强课堂的互动性，使教学更加生动有趣。

（四）精准评估和持续改进

传统的教学评估通常依赖期末考试成绩和教师主观评价，往往难以全面准确地反映学生的学习效果。而大数据可以实现对学生学习全过程的全方位跟踪和评估，包括在线学习行为、作业完成情况、课堂参与度、学习成果等多个方面。这不仅可以给教师和学生提供更全面、更客观的反馈信息，还可以帮助教育管理者更精准地评估教学效果，及时发现问题，持续改进教学质量。

例如，如果数据显示某个课程的学习成果普遍不理想，教育管理者就可以进行深入分析，找出问题的根本原因，是教学内容不合适、教学方法没效，还是资源不足等，然后有针对性地采取改进措施。

综上所述，大数据技术与翻转课堂的结合，为高职教育提供了一个更加精准、高效、个性化的教学模式。教师可以利用大数据获取更多的学生学习信息，更好地满足学生的个性化学习需要，优化教学内容和方法，提高课堂互动性和参与度，实现更加精准的教学评估和持续改进。在这一模式下，学生将享受更加贴合个人需要、更加积极主动的学习体验，而教育者也将在培养学生的同时，实现教学质量的不断提高。

第六章　大数据时代下的高职教育管理

第一节　高职教育管理概述

一、高职院校教育管理的内容及本质

（一）教学管理组织系统

教学管理组织体系在高等教育领域占据着核心地位，它是由具有共同教育目标的管理个体构成，通过明确的权责划分、等级制度及团队协作精神，形成一个具有自我调节和自我发展能力的社会系统。这个系统专注于解决教学管理的主体和方法问题，即谁来管理和如何管理。

在这一体系中，管理体制的概念指的是系统化的组织结构设计，包括机构设置、隶属关系和权责划分等关键元素。为了确保教学管理组织的功能得到最大化的发挥，必须从根本上进行管理体制的优化，推动组织结构朝着更科学、更合理的方向发展。教学管理系统是基于结构性关系构建的，它不仅是组织内部成员相互行为的总和，也是一个能够随着时代的变迁而进行自我调整和自我适应的生态组织。

教学管理组织的最终目标是建立一个全方位、科学的教学管理体系，这个体系包括完善的质量控制系统和有效的运行机制，从而为教师、学生以及教育教学的各项工作提供有力的支撑。该管理系统致力于整合纵向的教学管理序列，如高职院校、学院、教学部门、研究室，以及横向的服务支持序列，如教务处、科研处、学生事务处、人事处、政治工作部门和后勤服务部门等。为了实现教学目标并培养高素质人才，必须确保这两大系列得到充分的整合与协调。

在构建教学管理组织系统的过程中，关键的一步是形成一个高效、灵活并富有创新精神的工作环境。这需要建立一个高素质的教学管理团队，明确各个机构的职责，以及各个岗位的具体任务。

（二）教学管理的本质

从更深层的本质来看，教学管理在高等教育体系内部，特别是针对教学子系统，是一种资源组织和应用的过程。它通过科学地策划教学活动、合理地配置教学资源，以及优化教学过程，来提高教学的整体效益和质量。

（三）教学管理的基本任务和职能

在基本任务方面，教学管理要求严格遵循教育和教学的内在规律，优化教学管理系统的规划，并运用现代科技和先进的管理方法，对所有教学活动进行动态的、目标导向的管理。同时，它还需要发挥巨大的协调作用，激发各方面的积极性，确保人才培养过程中教学任务的顺利完成。

在功能方面，教学管理主要涵盖"决策、规划、组织、指导、控制、协调、评估、激励、研究和创新"等多个方面。这些功能在实际操作中相互交织，彼此之间又紧密相关，共同构成了教学管理的有机整体。通过这些职能的有效实施，教学管理能够在高等教育的各个环节中发挥重要作用，推动教育质量的持续提升。

（四）教学管理内容体系

教学管理不是孤立的活动，而是一个系统性整体。其内容体系的构建基于多元化的视角，旨在形成一个综合性的框架。在教学管理的实践及其科学体系中，主要内容可以概括为四个部分：教学计划、教学实施、教学质量及评估和教学行政管理。如果以教学管理职能为分类标准，它包括控制与协调、评估与激励、研究与创新、决策与规划、组织与指导。在教学管理的不同层面上，涉及教学改革、教学资源建设和日常教学活动管理等多个方面。

1. 教学计划管理

教学计划管理是高等教育机构为提升教学质量并保证教育标准而制定的关键性文档，它是组织教学活动、制定教学任务和保持教学秩序的重要依据。教学计划的制订是在教育主管部门的总体指导下进行的，各高职院校需要根据自身特色和学科优势，组织专家进行自主性的规划和设计。因此，各高等教育机构在教学计划的制订上具有较大的自主权和灵活性。

教学计划一经确定，就需要得到全面的实施和遵循。教学计划管理的核心任务是设计合理的人才培养策略和方案。这要求高职院校投入大量的精力进行基础性的调查和研究，特别是对新兴的教育理念、教学内容和培养模式等进行深入了解。在此基础上，需要组织学科专业的学术领头人和资深教师对课程结构体系进行科学的研究和规划，确保课程体系的合理性和完整性，使人才培养方案具有针对性和前瞻性，从而为学生的全面发展和优秀人才的培养奠定坚实基础。

值得特别注意的是，教学计划的执行过程必须严格遵守既定规划，确保各个环节的严谨性和系统性，避免出现随意性和无序性，从而确保教学活动的有效性和教学目标的顺利实现。在实施过程中，还需要不断地对教学计划进行评估和反馈，及时调整和优化，以适应教育教学的动态变化和社会需求的新发展。

2. 教学运行管理

教学运行管理的核心在于通过规范化的管理手段来确保教育和教学活动的高效、有序运行，从而不断提升教学的整体质量。这一管理活动主要聚焦于教学计划的具体实施，包括教学过程的协调与相关辅助工作的有效组织。教学过程不仅涵盖了学生在教师指导下的认知学习活动，也强调通过多样化的教学互动方式来促进学生综合能力的发展。

在高等教育阶段，教学管理的显著特点包括：一是强调学生的自主学习和探究学习的重要性；二是在坚实的基础学科教育上进行专业教育的深化与拓展；三是教学与科研活动的紧密结合与互动。基于这些特点，教学运行管理需要精心组织，尤其在课程大纲的制定、教学内容和方法的设计，以及教学规范和要求的明确等方面，以确保教学过程的有效性能够接受持续的评估和优化。

3. 教学行政管理

教学行政管理在高等教育机构中占据着关键地位，它涉及学校、学院（部门）、教学系等教学管理部门运用教育规律及校规校纪来行使管理职能。这一过程需要科学的组织、指挥和协调调度教学活动及相关辅助工作，以确保教学的稳定性和连续性。有效的教学行政管理是保障教学活动顺利进行的基础，需要对教育活动进行精准定位和高效调配资源。

4. 教学质量管理与评价

教学质量是一个具有高度综合性的概念，其评估指标应包含教学、学习和管理等多方面的质量标准，以便进行全面、客观的评价。教学质量的形成是一个渐进和累积的过程，它需要动态和静态管理的有机结合。因此，教学质量管理应着重于动态和过程管理，以实现教学过程和结果的有机统一。

更新教育教学理念，提升教学方法和策略，是实现高质量教学的基础。这需要建立全面的质量监控和管理机制，设计出与学校发展状况相匹配的质量监控体系。首先，需要对质量监控的概念、核心要素及组织体系进行深入分析和整理，针对质量保障的各个方面进行细致的研究和探讨。其次，高职院校应积极推进以教学核心为中心的科学化和可操作性的质量管理模式，确保教学质量管理的实效性和前瞻性。

二、高职院校教育管理的指导思想

管理科学化在提升管理效率与教育质量方面意义重大。管理科学化的实现依赖于与客观实际相符的人性化与规范化的管理制度，而这些均离不开科学化的管理思想。科学化的管理思想共分三个层次，分别是认知理论的管理思想、管理遵照的基本原则与实践中运用的方法。

（一）管理思想

管理思维，是对管理原则、理论和概念的认知和理解，代表了管理理论与实践在思想层面的融合与反映。它在管理实践中起着至关重要的指导作用，因为思维方式往往预设了行动的轨迹。随着社会的演进以及管理实践的不断发展和变迁，管理思维也在不断地更新和转变。

在教育领域，特别是高等教育机构的学生管理，是教育管理体系的重要组成部分。其管理思想不仅应与教育管理理论保持一致，而且应视为一个复杂且综合的理论课题。这要求我们确立清晰的理论前提，与既定的思想理论紧密相连，以明确基本的指导方向。从哲学的视角深入分析，高职院校学生管理思维主要包括以下几个方面。

1.运用相互联系的管理思想

高职院校学生管理作为一种社会现象，展现出极强的综合性和复杂性。从宏观层面看，高职院校、社会、家庭乃至整个时代背景都存在着紧密的联系，学生群体并非与社会隔绝。因此，高职院校学生管理不仅涉及社会、家庭的多方面因素，而且还在不断影响并受时代发展的影响和制约。在微观层面，高职院校学生管理中的各要素（如管理与教育、管理与服务之间的关系）也存在相互联系和制约，这些关系互为影响，相互作用。

2.运用动态平衡的管理思想

管理作为一个系统性的过程，正处在一个持续不断的发展和变化之中。它不仅受到政治、经济、文化等外部因素的影响，还受到高职院校内部多种因素的作用。在这个不断变化的过程中，管理工作也需要不断完善和进步。同时，被管理对象（学生）的思想行为、人格发展等也在管理过程中得到提升。因此，应用动态平衡的管理理念，需要采用哲学的发展观，与时俱进，立足当下，展望未来，针对新情况提出解决方案。

3. 运用对立统一的管理思想

在高职院校学生管理的实践活动中，存在着多种多样的矛盾和对立关系。运用对立统一的管理思想，意味着在处理这些问题和矛盾时，需要寻找平衡点和融合点。例如，在管理者与被管理者之间，往往存在着各种矛盾和对立，运用对立统一的思想，可以指导管理实践，找到双方的共同点，促进和谐发展。

4. 运用实践探索的管理思想

实践是检验真理的唯一标准，同时也是获取正确认识的重要途径。高职院校学生管理的实践性极强，对操作性有着严格的要求。因此，在高职院校学生管理实践中，必须强化实践意识，培养探索和创新的精神。这不仅要求将实践经验升华为理论知识，以更好地指导实践活动，还要求在实践中不断反思和总结，实现管理工作的自我完善和全面进步。

（二）指导思想

在对我国高职院校学生管理指导思想进行研究的过程中，需要特别注意运用以下观点与思想。

第一，坚持马克思主义关于人的全面发展的理论，培育"四有"新人是社会主义高职院校教育根本任务所在。想要保证研究工作质量，首先一定要明确给谁培养人才和培养什么样的人才这两个问题。我国社会主义高职院校的性质决定高职院校培育出的人才要具备扎实的科学文化知识与健康的身体素质，要有极高的社会主义觉悟。我们要把培育全面发展的"四有"新人作为教育的根本任务和落脚点。要完成"四有"新人的培育目标，就要严格根据马克思主义关于人的全面发展教育思想，推动教育发展。有效培育德智体美劳全面进步的中国特色社会主义事业优秀建设者与接班人，是最重要的教育方针，也是马克思主义理论精华具体应用的表现。

第二，运用马克思主义关于辩证唯物主义的理论，用对立统一观点对高职院校学生管理工作进行引导，在管理实践中贯彻整体观念。马克思主义辩证唯物主义哲学是所有社会与自然科学的理论根基。马克思主义方法论与认识论渗透在全部社会与自然科学中，因而必然渗透在高职院校学生管理中。要利用对立统一观点，明确管理整体观念。从纵向上看，整体观念是局部与整体统一；从学生管理工作整体系统的角度上看，构成有机整体的每个部分都是支系统和局部。学生管理系统整体功能最终是由局部组合形式决定的，虽然局部拥有特定功能，但都应服务于系统整体目标与功能，局部要素要以整体目标为基准建立起来。从横向上看，秉持整体观念是处理局部间分工合作的一致性，将各部门进行有效协调，共同为培育全面发展人才的管理目标服务。

第三，利用高等教育与现代科学管理理论指导学生管理，推动管理科学化。现代治校理念要求，要运用现代科学进行高职院校与学生的管理。具体而言，一要靠教育科学，遵照教育内外部规律办事。高职院校一定要把握时代脉搏，面向市场办学。高职院校学生管理要持续不断地进行，研究新情况与解决新问题，面向新时代培育复合型人才。要靠现代管理科学理论方法完成管理活动，确保学生管理组织机构完善，管理制度健全，人员责任、岗位分工恰当，职责明确，奖罚分明，动作协调一致，管理高效。运用现代管理科学理论指导学生管理，主要是对基本原理进行应用，主要包括人的能动性、规律效应性、时空变化性、系统整体性的原理。在具体的管理实践当中，一定要促进组织系统化建设、决策科学化发展、方法规范化进步与手段现代化改革。

第四，中华人民共和国成立以来，高职院校学生管理实践当中积累的大量成功经验与宝贵成果，是如今学生管理的财富。首先，社会主义高职院校要始终坚持中国共产党领导，走社会主义道路，这是最为基本的成功经验。所谓坚持党的领导，实际上就是利用党的方针、政策、路线等指导高职院校管理，确保高职院校的社会主义方向坚定，充分调动师生的热情，为培育全面素质过硬的高级复合型人才不懈努力。其次，管理规范化与制度化就是将与社会主义方向相符，经实践检验成熟的民主与科学管理制度方法等用制度形式进行固定，构成工作规范，实现权、责、利的统一，让制度在思想性与科学性上达到统一。最后，秉持理论与实际相联系的原则，面向社会实践与社会需要，确保教育和生产的整合。社会主义高职院校培育人才，一定要满足市场经济的需求，在思想方面，拥有极高社会主义觉悟与为共产主义献身精神；在业务方面，除了要具备扎实理论之外，还要具备极强的分析与解决问题的实践能力，拥有实干精神与独立性。

三、高职院校教育管理的重点

（一）教学管理的特点

在高等教育机构的管理实践中，教学管理扮演着不可或缺的角色。这一领域的管理活动具有其独特性，根据其运行和实施的复杂性，可以识别出教学管理的几个关键特点。

1. 教学管理的能动性

教学管理的能动性体现在对人的主观能动性的依赖上，特别是针对其主要参与者——教师和学生。教学管理质量的一个核心指标是其能否有效激发教师和学生的积极性。在这个多层次的互动系统中，教师和学生具有多重角色。教师不仅是指导者，对学生的学习进程进行塑造和引领，同时也是执行者，自身受教育机构的管理和评估。学生则是教学活动的核心接受者和参与者，他们既是管理的对象，也是自我管理的实施者。无论是教师还是学生，他们的行为和决策都充分体现了主观能动性的重要性。

2. 教学管理的动态性

教学管理的另一个显著特点是其动态性。这种动态性反映在教学管理的各个环节都处于不断的演变和调整之中。例如，人才培养计划需要根据社会经济的发展和变化进行持续的更新和完善。同样，教学质量评价系统也必须随着教育目标和内容的调整而进行修改。通过这种不断的自我反思、优化调整和动态协调，教学管理能够实现质量和效能的螺旋式提升。

3. 教学管理的协同性

教学管理的核心职责之一是促进学生、教师与教育机构之间的协同工作。这需要管理者不仅协调个体和集体之间的互动，而且优化资源配置，确保教育活动能够充分发挥每个参与者的潜能，从而推动个体与集体的协同进步。这种协同性是通过持续的沟通、合作和共同努力实现的，旨在创造一个支持共享目标和愿景的教育环境。

4. 教学管理的服务性

服务性是高等教育教学管理的另一关键维度。教学管理的根本宗旨在于围绕教育和学习过程提供支持，创造有利的学习环境，并为所有相关方——包括教师、学生和教育机构——提供高质量的服务。这要求教学管理者树立正确的服务意识，将学生的成长和发展作为工作的核心，同时也关注教师的职业发展和福祉，以确保教育活动的顺利进行和持续改进。

（二）教学管理队伍的结构

高职院校教育教学管理队伍由分管教学副校长、教务处全体人员、学院（系）主管教学副院长（副主任）、教学秘书（教学办全体人员）和教务员组成。教学管理人员的结构主要包括学历结构、职称结构、年龄结构、学缘结构和性别结构等指标。

（三）教学管理的重点

1.注重提高教学管理人员的职业道德和业务能力

在高等教育体系中，教学管理者的作用不仅至关重要，而且对学校的长期发展和建设具有决定性影响。因此，强化教学管理者的思想政治素养，培养其强烈的事业心和责任感，以及不懈的奉献精神，是教育机构不可忽视的任务。

首先，教育管理者处于一个策略性的位置，他们在实施政策和促进教育活动方面起着桥梁作用。他们不仅需要执行上级部门的指示和政策，而且必须有效地协调教学活动，管理教师队伍，并在与学生的互动中发挥关键作用。这种多方位的角色要求他们必须具备崇高的职业道德和责任感。管理的复杂性和涵盖的广泛领域意味着他们需要对细节保持敏感，即使是最小的任务也可能对教育过程产生长远的影响。例如，传达政策和指导精神可能看似例行公事，但任何失误都可能导致管理混乱，影响学校的整体教学秩序，并妨碍教育的有效实施。

其次，面对教学管理的各种挑战，管理者需要展现出团队合作的精神。在高等教育的教学管理中，层级化的管理结构要求每个成员既能独立工作，也能与团队同人协同合作。教学管理者应具备出色的团队协作技巧，理解如何在多元化的工作环境中进行协调和合作，以确保任务的顺利完成。

最后，专业能力和业务素质对教学管理者来说至关重要。他们需要具备充分的专业知识和技能，这是独立管理教学工作、解决实际问题，并完成各种管理任务的基础。教育机构必须致力于提升教学管理者的专业素质，使他们能够掌握和运用高等教育的相关专业知识，了解教学管理的基本理论，有效评估教育和教学的发展趋势，并能协调各部门和各种因素之间的关系。此外，他们应能推动信息的有效流通，创新管理策略，并全面提高管理水平。从实际角度出发，教学管理者还需要参与教育科学的研究和实践活动，促进教育管理的现代化和科学化，以适应不断变化和发展的教育需求。

2.正确处理教学管理与教学质量的关系

教学管理在高等教育机构中占据核心位置，涉及对教学过程各个环节的系统管理，旨在根据既定的管理目标和原则对教育教学进行有效监控和调控。在管理的各个方面，教学质量与教学管理是紧密相连、相辅相成的。从教学质量评价系统的角度，教学管理的广泛内容包括培养方案的设计、教学计划的制订、教学任务的分配、教学的跟踪监控、信息的收集和分析，以及教学质量的评估等重要环节。

特别需要注意的是，教学管理需要结合反馈信息和评估结果，不断革新和调整教学计划，确保与教学质量提升的目标保持一致。为此，高等教育机构必须全面刷新和完善教学管理体系，积极构建符合创新型人才培养需求的教学管理规范和制度。

3.正确处理教学管理人员与教师教学任务的关系

教学管理人员和教师在教育使命中肩负共同责任，但工作重点有所不同：前者聚焦于整合和优化教育资源的有效利用，而后者专注于知识的传授和思想的启迪。这两种角色在育人过程中相辅相成、相互影响，共同为教育目标的实现而努力。

第一，教学管理者扮演着连接教师和学生的重要角色，他们需要协调解决双方之间的问题，努力营造有利于教学的环境，并确保教学活动的顺利进行。

第二，通过收集和分析教师的教学质量信息，教学管理者可以反馈教学的实际情况，并基于此提供科学的评价。他们负责审核教师的学术和教学表现，评估教师的敬业程度，并综合评定教师是否认真完成了教育任务和达成了既定目标。这一过程有助于教师根据社会发展和市场需求调整教学，提高教学质量，培养合格的毕业生。

第三，教学管理者与教师共同参与高职院校各项事业的建设过程，如课程建设和教材建设等。利用对教学的调查研究与分析工作，提出改革和优化教学的方案计划。

第四，高职院校管理者给教师提供教育教学方面的帮助，营造优良教学环境，促使教师可以全心全意投入教学活动当中。

4.注重教学管理与教学研究的关系

教学管理在高等教育体系中占据着系统性和基础性的地位，它的建立和完善是一个漫长且不断累积的过程。高等学府通过日常的教学管理活动，确保教学秩序的正常运行，这只是工作的基础层面，意味着已经构建了一个稳定的工作平台和教学环境。然而，要想在教育质量和管理层面实现更高层次的提升，就必须更加积极地推动教育与教学的研究活动。

注重教学研究的高职院校往往能够有明确的教育指导方针和正确的目标设定，他们能够基于国家的大局和学校的实际情况，审时度势，创新思维，从而确立新的教学理念、策略、措施和体制。这种方式使得教学和管理工作能够保持在一个高质量的状态。相反，那些在教学管理和研究方面表现不佳的高职院校，其教育改革往往显得保守，难以把握教育改革的核心和重点。因此，高职院校需要特别重视教育教学研究，把握提升教学管理效能和质量的关键所在。

四、高职院校教育管理的意义

教学管理是高职院校教育活动的核心环节，对于培养高素质人才具有至关重要的影响。在当前，提高教学质量的主要任务和基本策略是增加教学资源的投入，强化教学过程的管理，以及深化教育教学改革。这不仅需要高职院校根据自身的实际情况，建立健全教学管理的规章制度，同时也需要采取有效措施，确保这些规章制度得到严格执行。

高职院校之所以能实行先进和有效的教学管理，关键在于具有高素质的教学管理团队。只有拥有一支专业能力强、具有创新精神和实干精神的教学管理队伍，高职院校的教学管理水平才能实现持续的提升。这种专业队伍的建设需要通过不断的教育和培训，以及有效的激励机制来实现，从而确保高职院校教育能够适应时代的发展，满足社会的需求。

（一）教学管理人员具备的素质能力

在当代教育环境下，高等教育机构的教学管理须跟上时代的步伐，这对一线教学管理人员提出了更高层次的综合素质与能力要求。具体来说，教学管理人员应展现出以下几个关键能力和素质。

1.具备良好的道德素质

道德品质是教学管理成功的基石。教学管理人员的道德品质直接影响教育培养过程的效果，体现了"为人师表，行为世范"的教育理念。他们通过自身的思想、学识、言行和道德力量，对学生产生积极影响，实现通过管理进行教育的目标。

2.具备强烈的责任心

教学管理工作不仅需要连贯性，也常常面临新的挑战和问题。因此，教学管理人员必须具有强烈的责任感和主动性。例如，在学期末的考试中，从考试安排和组织到考试报告的提交，再到试卷和成绩单的整理，每一个环节都需要他们展现出严谨和负责的态度，以确保教学活动的顺利进行。

3.具备扎实的业务知识素质

教学管理人员首先需要掌握系统的管理学知识。随着教学体制的不断改革，他们需要遵循管理规律，运用科学的管理方法，合理分配资源，以提高工作效率。此外，他们还应熟悉相关学科的专业知识，这是有效开展教学管理工作的基础。例如，院系级别的管理人员需要全面了解各专业的培养目标、课程体系和教学环节的具体内容。同时，面对科技的快速进步和办公自动化的提升，他们还需学习和掌握相关的信息技术工具，比如各种教学管理系统的应用和日常文书处理软件的使用，以促进教学管理方式的创新，并确保工作的规范性、科学性和现代性。

4.具备较强的工作能力素质

教学管理人员的综合工作能力是教学活动能够成功实施并达到预期目标的关键。他们需要具备优秀的组织管理能力、应对突发事件的协调能力、使用现代化工具进行信息获取和处理的能力，以及强大的调查研究和团队协作能力。这些能力不仅帮助教学管理人员准确评估教学发展趋势，还能协调教学各个单位之间的关系，促进教学信息的有效流通，从而确保教学管理工作的高效与顺畅。

（二）教学管理的重要性

在全球高等教育的演进脉络中，加深教学管理层面的深度和广度成为应对现代教育挑战的客观需求。面对全球范围内提升人才培养质量的共同追求，各高等教育机构正深入反思"21世纪的高等教育发展之路"。在这一过程中，严格而规范的教学管理，尤其是教学质量的精准控制，已成为确保高等教育质量提升的关键因素。因此，从管理层面追求教学质量的提升，已是教学改革的核心任务之一。

历史的视角反映了当前部分从事教学管理的专业人员在其教育历程中，缺失了对"教育学""心理学""教育管理学"等关键学科知识的系统性学习和理解。实践中，这部分人员往往通过工作中的不断摸索来积累经验，难以从理论高度和教学规律的层面，深入把握教育事业和教学改革的全局性建设。

从高等教育科学的发展角度审视，一些高等教育机构未能将教育教学管理上升到科学的高度，未能形成有效的教育研究信息的交流机制，无论是校内还是校外。这种情况下，高等教育机构往往缺乏一种系统的教育教学研究氛围，缺失有组织、有计划、有目标的教育教学及管理研究，对于学术传承、发展等多方面问题也缺乏系统的思考和策略性的规划。

（三）管理队伍建设的意义

强化教学管理队伍的建设，是实现高质量人才培养的策略性举措。人才的培养乃高等教育机构的根本使命，而教育质量则是其生存和发展的关键。为了全方位提升人才培养的质量水准，高职院校必须加强教学管理力度，深化教学改革，积极倡导和实践教育创新。其中特别需要推动人才培养模式、课程体系、教学内容和教学方法的全面革新，以促进知识传授、能力培养与素质提升的和谐统一。教学管理人员是这一改革和创新过程的核心设计者、执行者及监督者。教学管理队伍的专业水平和综合素质，直接关系到高职院校教学改革的宽度、深度及效能。因此，要全面提升人才培养的质量，加强教学管理队伍的综合建设势在必行。

五、高职院校大数据教育管理一般性分析

高职院校大数据教育管理是教育现代化的客观要求，具有科学性、及时性、互动性、差异性及权变性等特点，从而具有传统高职院校教育管理无法比拟的优势。在高职院校大数据教育管理实践中，相关关系和因果关系仍是高职院校事务之间最主要的两种关系，它们并不是相互排斥的，相关关系不仅不能取代因果关系，反而快速清晰的相关关系分析为寻找因果关系提供指导和帮助作用。只不过，高职院校教育管理中的大数据与商业领域中的大数据运用有着根本区别：商业领域不太重视因果关系，比较重视相关关系；而高职院校大数据以相关关系为切入点，最终寻找特殊的相关关系——因果关系。

（一）高职院校大数据教育管理的类型

在当代教育管理体系中，大数据技术正逐步塑造并加强了高等教育机构从传统的科学管理模式向更具人文关怀的文化管理模式的转变。伴随着大数据基础设施在高职院校的系统性建设，以及教育信息技术的深度融合，我们看到了高职院校教育管理大数据呈现出的多元化、复杂化以及动态化的特征。针对数据的性质和来源，我们可以从不同的维度对其进行更细致的分类。

1. 按性质划分

从数据性质的角度进行深入分析，中国高等教育机构的管理大数据主要可分为结构化数据、半结构化数据和非结构化数据三大类。

结构化数据，指的是在固定场景下生成，且具有明确数据模型和组织方式的数据，常见于关系型数据库中，如学生的注册信息、课程成绩等，其特点是可以通过传统的二维表结构来进行逻辑表达和分析。

非结构化数据，则包含了格式和类型多样的数据，如教学材料中的文本、图像，以及音视频资源，社交媒体互动内容，智能设备生成的各种日志文件等。这类数据由于缺乏固定形式或结构，不适宜用传统的二维表格来整理和存储。

半结构化数据，是处于结构化与非结构化数据之间的一种类型，它没有严格的格式，但包含关联各个数据元素的标签，如 HTML、XML 文件。这类数据通常需要经过特定的解析过程，才能在数据分析中发挥作用。

值得注意的是，与其他行业的大数据环境类似，在当前的高职院校大数据体系中，非结构化数据的比重逐渐增大，据估计已经占到了数据总量的80% 左右。

2. 按来源划分

在数据来源方面，中国高职院校教育管理大数据的产生主要可划分为内部数据源和外部数据源两大类。

内部数据源主要指教育系统内部生成的与教育教学活动直接相关的数据。这包括由高职院校的教学、科研、人事、学生事务、党团组织、后勤保障、图书馆等部门产生的大量数据，这些数据构成了教育管理大数据的核心部分。

外部数据源则主要来源于互联网和各类社交媒体平台，例如腾讯 QQ、微信和微博等。随着社交媒体的普及以及移动通信技术（如5G）、宽带和局域网的发展，学生的网络活动日益频繁，几乎形成了24 小时在线的趋势，这也导致了大量数据的产生。

深入而言，如果按照数据的产生部门或应用场景，高职院校教育大数据还可以细分为教学类数据、管理类数据、科研类数据和服务类数据。这些数据在帮助教育管理者进行决策、优化教育资源配置、提升教育质量和效率等方面都发挥着不可或缺的作用。

3. 按主体划分

在高等教育领域的管理实践中，大数据的采集和应用可以根据不同的主体角色进行细分。具体来说，中国的高等教育管理大数据系统通常包括学生教育管理数据、教师教育管理数据、综合教育管理数据，以及第三方服务提供的应用数据。

学生教育管理数据涵盖了学生在校园内外的学术活动、生活习惯和社交互动。这不仅包括学生的基本档案信息、出勤记录、作业提交、考试成绩、奖惩情况和课外活动表现，还延伸至学生的在线行为轨迹，如访问的网络资源、社交媒体活动和其他形式的数字足迹。

教师教育管理数据聚焦于教师的职业发展和教学表现。这包括教师的个人资料、课程计划、教学反馈、学生作业批改、课堂互动、科研项目、职业培训、社区参与，以及他们在专业社交网络上的活动。

综合教育管理数据则反映了整个教育机构的运行状况。这些数据包括但不限于学校的基本信息、学校在各种评估和排名中的表现、奖学金和财务援助的分配情况等。

第三方应用数据涉及校园外部服务的各个方面，如在线支付、教学资源订阅、校园生活服务、远程课堂，以及各种形式的网络课程资源。

4. 按数据结构划分

对于高等教育管理领域的大数据，其结构性特征可进一步分为四个层级：基础层、状态层、资源层和行为层。

基础层包含了教育机构的基本数据资产，如人员编制、学生注册、财务运作等，这些数据通常是结构化的，为高职院校管理员提供了进行宏观决策所需的基本信息。

状态层通过各种传感器和监控设备，收集关于教育设施、环境质量以及业务流程的实时数据，帮助管理者了解并优化学校的物理和教学环境。

资源层主要关注的是教育内容和材料，包括线上教学平台的多媒体资源（如慕课、微课、移动应用、电子图书等），以及教师和学生在互动学习过程中生成的内容，如笔记、讨论帖、测验等。

行为层则专注于收集和分析用户（教师和学生）的行为数据，以支持个性化学习路径的设计、学习成果的预测以及更具前瞻性的学习评估方法。

一般而言，基础层和资源层的数据更多地反映了教育成果的静态视角，而状态层和行为层的数据则能揭示教育过程的动态变化。通过对这四层数据的综合分析，教育管理者不仅可以对当前的教育活动有更全面的了解，还可以预测未来趋势并制定相应的策略，以促进教育质量和效率的持续改进。

（二）高职院校大数据教育管理的特点

传统高职院校教育管理具有人文薄弱、形式单一、反馈不足等局限，这与现代教育管理的迫切发展需求背道而驰。高职院校大数据教育管理可成功化解上述问题，充分发挥其具备的及时性、互动性、差异性、科学性和权变性等特质与优势，彰显数据管理的魅力。

1.高职院校大数据教育管理的科学性

大数据的本质特征在于揭示规律性，相较于传统小规模数据，高职院校大数据克服了其限制性和未能涵盖全局的缺陷。通过综合分析，洞察隐藏在师生复杂多变数据背后的行为规律，从而提升教育管理的科学性。高职院校教师的科研数据、教学数据、获奖数据、参赛数据，以及其生活方式、社交互动、娱乐嗜好等多维度数据之间，以及它们与高职院校管理体系、制度和资源投入之间存在多重关联，这些数据背后蕴含着规律性。例如，可以通过对科研成绩卓越的教师的作息模式与科研产出之间的关联、个人兴趣与科研绩效之间的相关性、教学成效与科研活动之间的联系等多角度数据关联分析，建立数据模型，识别内在规律，为科学决策提供基础，进一步完善高职院校科研政策、教学管理规定和绩效评价制度。同时，高职院校大数据教育管理对于学生的学习、需求和科学决策具有显著价值。学生的学业成绩、综合素养、网络行为、图书阅读习惯、用餐习惯等多项数据之间存在某种关联，通过数据分析，揭示这种联系和规律，进一步加强教育管理的科学性，从而取得事半功倍的效益。

2.高职院校大数据教育管理的及时性

大数据以其计算能力来诠释此原则。实现"智慧校园"的前提在于教育管理大数据，大数据技术是高职院校教育管理智能化之路的支撑。类似于"事后诸葛"等待结果的空虚感与"兵贵神速"所追求的时机把握，高职院校教育管理大数据具备即时性和实时性，还具有预警性质，这为教育管理者在关键时刻迅速采取行动提供了技术支持。在高度网络覆盖的校园环境中，师生的各类活动都伴随着数据和信息的生成，形成了数据的汪洋大海。尽管我们暂且不深入讨论信息是否与本质相符，但在这些海量数据中，异常现象和规律性信息总会浮现。对于异常信息，我们可以利用相应的数据技术设定容忍度和临界点，一旦达到阈值，便触发报警系统，从而起到预防潜在危险的作用。学生在交往、学业、就业、感情以及财务等方面的问题，必然会通过各种媒体展示和宣泄，高职院校可借助大数据技术，因势利导，提前策划，及时预防和处理潜在的危机事件，以减少相关损害。

3. 高职院校大数据教育管理的差异性

高职院校大数据教育管理的及时性和科学性应从宏观角度来看，而个性化则应从微观角度来看。因材施教、个性化管理和多样化人才培养一直以来都是教育的理念，高职院校的受教育者具有多样性。尊重学生的个性特点、兴趣爱好、能力差异以及家庭背景差异等，是高职院校教育管理者履行教育教学管理和服务职责的前提。尊重体现了爱，尊重是一种方法，尊重是一种境界。在小规模数据时代，由于技术和精力的限制，高职院校教育管理者要实现见微知著是相对困难的，但在大数据时代，一切变得更加容易。大数据教育资源可以为学生量身定制适合其个性特点的培养方案和课程，让学生克服时空限制，享受高质量的教育教学资源。大数据时代的个性化学习不仅具备对个体的显微观察能力，同时还能预测学生群体活动的轨迹和规律，为高职院校教师改进教学提供有效的反馈。因此，大数据技术是高职院校实现精准教育和精准帮扶的重要支持。

基于大数据的高职院校教育管理克服了传统教育管理的单向度缺陷，实现了师生之间的互动，从而催生了互动效应。在心理学领域，互动效应指的是两个或两个以上的个体通过相互作用而互相影响，进而协同产生增强作用的现象。它也被称为耦合效应、互动效应或联动效应。一般而言，积极的情感行为通常会引发积极的情感反应。然而，传统的高职院校教育教学方式通常采用单向传授和灌输式的方法，由于缺乏情感的耦合互动，导致教育教学效果不尽如人意。在大数据教育平台上，高职院校教师和学生能够实现即时互动、答疑解惑和知识传授。教师可以实时监测学生的学习进展和问题解决情况，并作出及时反馈，同时其他学生也可以参与解释和指导。在这样的学习互动环境中，信任、支持、谨慎、勤奋求精等情感信息可以充分流通，从而在整个学习群体中产生积极的互动效应。同样的原理也适用于思想政治教育工作。例如，鼓励学生积极参与，充分发挥他们的主动性，为问题的解决和高职院校正能量的传播提供意见和建议。在高职院校社交平台或学习平台上，鼓励学生积极交流关于就业、心理和学习等方面的困惑，发挥同龄人之间的互助作用，使学生能够自我教育和自我发展，从而实现教育的"无声滋润"。

4.高职院校大数据教育管理的整合性

高职院校大数据的整合涵盖了高职院校内部和高职院校外部资源的整合。只有通过资源的整合，才能充分实现资源的最大化利用价值。高职院校可以通过大数据技术有效地实现资源的整合。在初级层次上，资源的整合包括高职院校内部各部门和单位之间的数据资源整合。通过建立大数据平台，可以打破部门之间的数据壁垒，实现数据的共享，促进数据的开放和流通。而在高级层次上，高职院校之间以及区域之间建立大数据平台则属于资源整合的更高级别。这对于促进整个地区甚至国家的教育发展和资源节约具有战略性的重要意义。

5.高职院校大数据教育管理的权变性

权变管理的核心理念在于"因应变局而调整策略"。管理领域并没有一成不变的规范，只能根据外部环境和内部因素的不断演化，采取不同的方法和策略来应对。对于学生的教育教学管理，并不存在一劳永逸的全能解决方案，也没有一套适用于所有学生的普适规则。学生的学习数据、教师的教学数据、管理人员的行为数据、安全监控数据等，都是动态的、实时的，它们构成了一股源源不断的信息涌流，一切都在不断前进的过程中不断演变，因此，变化是高职院校教育管理永恒的主题。这要求高职院校教育管理者能够及时了解管理对象以及管理内外部环境的变化情况，研究各种变化的趋势和规律，同时也需要研究各种变化之间可能产生的相互关系和后果，以便提前采取科学而适当的有效措施来应对变化。大数据技术为高职院校教育管理者提供了获取各种信息的技术支持，大数据的海量、高速、动态和便捷的特点有助于实现高职院校教育管理中的权变性。

第二节　大数据时代下高职学生教育管理创新基本思路与方法

在大数据时代的浪潮下，教育管理领域正经历着前所未有的变革。特别是在高等职业教育领域，高职学生群体的特殊性要求教育管理者重新审视其教育管理理念，从而更好地适应技术进步和社会发展的需求。大数据技术的应用为教育管理带来了革命性的影响，通过对海量教育活动数据的收集、处理和分析，能够深度洞察学生的学习行为、需求和发展趋势，为管理决策提供精准的数据支持。在这样的背景下，高职学生教育管理的创新显得尤为重要，其基本思路主要集中在以下几个方面。

一、思想理念创新

（一）学生中心理念的确立

在大数据时代，传统的以教师为中心的教育模式已不再适应教育的发展需求。高职教育管理需要确立"学生为中心"的教育理念，即将学生的需求、兴趣和发展放在教育活动的核心位置。通过大数据分析，教育者可以准确把握每位学生的学习风格、能力水平、职业倾向等个体差异信息，从而实现个性化教育，最大限度地发挥每个学生的潜能。

（二）弹性发展导向的教育策略

在当前的教育环境中，教育不应再是一种刻板、单一的传授过程，而应是一个灵活、多元的发展过程。这就要求高职教育管理者放弃传统的、固定的教育模式和标准，转而采用更具弹性的、发展导向的教育策略。例如，通过大数据技术，可以动态跟踪学生的学习进度和状态，实时调整教学计划和方法，以适应学生的变化和发展。

（三）全面质量评价体系的构建

传统的教育评价通常侧重于学生的知识掌握程度，忽视了技能、态度、创新能力等其他重要方面。在大数据时代，高职教育管理需要构建一个全面的教育质量评价体系，不仅衡量学生的知识和技能，还要评价他们的综合素质、职业适应性、创新精神和社会责任感等。这种全面评价可以通过分析学生的学习数据、参与数据、互动数据等多维度信息来实现。

（四）数据驱动的决策机制

在大数据的支持下，高职教育管理的决策过程应转变为一个数据驱动的机制。这意味着所有的教育管理决策都应基于对大量教育数据的收集、分析和解读，以确保决策的科学性和有效性。同时，教育管理者也需要根据数据分析结果，不断检视和调整教育政策和计划，实现教育活动的持续优化。

二、组织结构创新

在大数据时代背景下，高职教育作为专门培养高素质技术技能人才的教育形式，其教育管理的组织结构也需要与时俱进。传统的教育管理模式已经难以满足现代社会快速发展的需求，尤其是在信息技术高速发展，教育资源数字化、网络化的今天。组织结构的创新成为高职教育适应大数据时代、提高教育质量和管理效率的重要途径。

（一）平台化管理

在大数据环境下，信息的获取和分享变得前所未有的便捷，这为教育管理带来了新的机遇。高职院校可以构建一个集教学、学习、管理于一体的综合性平台，实现资源的最大化共享和高效利用。这种平台不仅整合了教育资源，还能够实现对学生学习过程的全方位监控和分析，为教育管理决策提供有力支持。

（二）灵活的团队结构

为了更好地适应大数据时代的教育需求，高职教育的组织结构应该更加灵活，能够快速响应外部环境的变化。这就需要打破传统的等级制管理模式，构建一个以项目或任务为导向的团队结构。在这种结构下，教师、学生、管理人员等可以根据实际需要，快速组成跨学科、跨职能的团队，共同解决教育教学中遇到的具体问题。

（三）数据驱动的决策流程

大数据技术的应用使得教育管理的决策过程更加依赖于数据分析。这要求高职教育的组织结构必须支持快速、准确的数据流动和处理。可以设立专门的数据分析部门，负责收集、整理和分析来自各个教育环节的大量数据，并基于这些数据制定出最符合学生发展需要的教育策略和计划。

（四）开放式的合作模式

高职教育不应该是封闭的，它需要与社会的其他部分，如企业、研究机构等建立紧密的合作关系。在大数据时代，这种合作可以基于数据共享，双方可以共同分析数据，探讨教育内容和方式的创新，确保教育的实用性和前瞻性。同时，通过合作可以扩大教育资源的来源，提高教育的质量和效率。

（五）以用户体验为中心

传统的教育管理往往忽视了最终用户，即学生的体验。在组织结构创新中，应当强调用户体验的重要性，通过问卷调查、访谈、参与设计等方式，了解学生的真实需求和感受，使得教育管理更加人性化，提高学生的满意度和忠诚度。

总体而言，高职教育在大数据时代需要进行组织结构的创新，以适应教育环境的快速变化和教育技术的进步。通过平台化管理、灵活的团队结构、数据驱动的决策流程、开放式的合作模式，以及以用户体验为中心，高职教育不仅可以提高管理效率，还能大大促进教育质量的提升，更好地服务于学生和社会。

三、业务流程创新

大数据时代对教育行业的每一个环节都提出了新的挑战和机遇，高职学生教育管理作为连接教育产出与社会需求的重要纽带，其业务流程的创新显得尤为关键。传统的教育管理流程在当前大数据的浪潮中显得捉襟见肘，不适应信息化、智能化的发展需求。因此，针对业务流程进行的根本性创新将直接影响高职教育的质量和培养效果。

（一）数据化的学生行为分析

利用大数据技术收集和分析学生的学习行为、社交互动、健康状态等多维信息，形成学生画像，为教育管理决策提供精准的数据支撑。这种数据化分析能够帮助教育管理者洞察学生的需求和问题，实现个性化的教学和管理，提升学生的学习效果和生活质量。

（二）动态的课程管理体系

在大数据支持下，高职院校可以构建一个动态的课程管理体系，根据社会需求、行业发展趋势以及学生兴趣和能力的变化，实时调整课程设置和内容。这不仅能保证教育的针对性和前瞻性，还能提高学生的学习积极性和就业竞争力。

（三）实时反馈与迭代优化

大数据技术使得教育管理者可以获取实时反馈信息，包括学生对课程的评价、教学方法的效果、教育资源的利用情况等。这些反馈可以作为教育管理业务流程优化的依据，通过不断迭代，实现教育服务的持续改进和创新。

（四）智能化的资源配置

利用大数据和人工智能技术，高职院校可以更加科学地进行教育资源的配置。例如，通过预测分析学生人数变化、课程需求等，合理安排教师力量和教学设施；利用智能算法，实现图书、视频等教学资源的智能推荐，提高资源利用率。

（五）透明化的治理结构

大数据时代要求高职教育管理更加透明、开放。可以建立一套基于大数据分析的治理结构，让管理过程和结果对教师、学生、家长甚至社会都透明。这不仅能增强教育管理的公信力，还能通过吸纳各方反馈，不断完善教育服务。

（六）教育质量的量化评估

传统的教育质量评估往往依赖主观判断，而大数据技术提供了量化评估的可能。通过设定合理的评估指标，收集和分析相关数据，高职院校可以更加客观地了解教育质量的真实情况，找出存在的问题，制定针对性的改进措施。

总之，大数据时代下高职学生教育管理的业务流程创新，是提高教育效率、优化教育质量、满足个性化教育需求的必然选择。只有不断创新业务流程，高职教育才能在激烈的社会竞争和快速的技术变革中保持其教育的先进性和领导地位。

四、管理手段创新

在大数据时代，传统的教育管理手段已不能完全满足高职教育对效率、精准性和适应性的要求。因此，在高职学生教育管理中，创新管理手段是提升管理科学化水平，满足教育个性化和多样化需求的关键。

（一）预测性分析的引入

通过大数据技术，管理者能够实时收集和分析学生的学习、生活习惯，心理状态等数据，进行行为预测和趋势分析，从而更加精准地把握学生的个性化需求和潜在问题。这种预测性分析的引入，能够帮助教育管理者提前布局，预防风险，同时为学生提供更有针对性的引导和帮助。

（二）自动化决策支持系统

结合人工智能和机器学习技术，高职教育可以构建自动化的决策支持系统。此系统能够自动分析大量教育数据，生成决策建议，辅助管理者快速做出基于数据的决策。这不仅大大提高了教育管理的响应速度和决策质量，还能减轻管理者的工作压力。

（三）多元互动平台的构建

利用云计算、物联网等技术，高职教育管理可以创建一个包含教师、学生、家长、企业等多方的互动平台。这个平台突破了传统教育管理的边界，实现了多方信息的快速共享和交流，加强了教育各参与方的合作与协同，也使教育管理更加透明和开放。

（四）智能化个性推荐

基于大数据分析，教育管理者可以为每位学生提供智能化的学习资源推荐、职业规划建议等个性化服务。通过算法分析学生的兴趣、能力和学习路径，推荐最适合的资源和路径，从而实现精准教育，提升学生的学习效率和满意度。

（五）实时性反馈机制

与传统的延时反馈不同，大数据技术使得教育管理可以实时监控教学活动和学生表现，及时收集反馈信息，快速调整管理策略和教学方法。这种实时性反馈机制大大缩短了教育管理的反应时间，提高了教育活动的灵活性和有效性。

（六）安全性与隐私保护

在大数据应用中，学生的个人信息安全和隐私保护是不可忽视的问题。因此，高职教育管理需要建立一套严格的数据安全保护措施和隐私保护政策，确保数据的合规使用，以免学生隐私泄露和数据滥用。

综上所述，大数据时代下的高职学生教育管理创新，要求管理者从多个维度升级传统的管理手段，利用现代技术的优势，提高管理的精准性、效率和前瞻性，更好地服务于学生和社会。只有不断创新管理手段，才能确保高职教育在未来社会发展中的核心竞争力和持续影响力。

五、技术支持体系创新

大数据时代对教育管理的影响深远，尤其是在高等职业教育领域。传统的教育管理模式已经难以满足当前教育环境的复杂性和动态性，这就需要构建一个创新的、能够支撑高职教育管理变革的技术支持体系。

（一）数据驱动的决策支持系统

在大数据环境下，高职院校需要建立一个基于数据分析的决策支持系统。该系统应集成学生学业成绩、活动参与、在线行为等多源数据，通过数据挖掘和分析技术，如预测分析、行为分析等，为管理层提供及时、精准的决策支持。例如，通过分析学生的学习行为和成绩变化，可以早期发现可能掉队的学生，及时进行干预措施。

（二）个性化学习平台

技术支持体系的一个重要方面是为学生提供个性化的学习体验。这需要构建一个学习平台，能够根据学生的个性化需求、学习风格和能力水平，提供定制化的学习路径和资源。该平台应结合人工智能和机器学习技术，实时跟踪学生的学习进度，提供反馈，并调整学习资源和策略。

（三）智能化管理流程

利用现代信息技术，特别是人工智能、区块链、云计算等，可以实现教育管理流程的智能化。例如，智能化的课程安排系统可以根据学生的选课偏好、教室使用情况等因素，自动优化课程表。此外，通过自动化的流程，减少烦琐的人工操作，可以提高管理效率，降低错误率。

（四）安全与隐私保护

随着大数据和云服务在教育中的应用，数据安全和隐私成为不容忽视的问题。高职院校需要建立严格的数据安全管理制度，加强对敏感数据的加密和访问控制，确保学生和教职工的个人信息安全。同时，通过技术手段如数据脱敏、隐私保护算法等，保护学生的个人隐私不被侵犯。

（五）协作式的教育资源共享平台

在大数据时代，资源共享和协作变得更加重要。高职院校可以建立教育资源共享平台，实现校内外优质教育资源的共享。同时，通过平台的协作工具，促进教师、学生、行政人员间的沟通协作，共同推进教育质量的提升。

（六）反馈和评估系统的创新

传统的教学评估多依赖期末考试和教师主观评价，缺乏实时性和全面性。而技术支持体系可以整合更多元的评估方式，如基于大数据的实时评估、学生互评、在线测验等，形成更全面、客观的评价体系。这不仅有助于及时发现教学中的问题，也能够更好地指导学生的学习。

六、绩效评价体系创新

在大数据时代的背景下，对于高职教育领域来说，传统的绩效评价方式已不再适应教育质量和效率的全面提升需求。因此，创新绩效评价体系显得尤为重要。绩效评价是教育管理的重要组成部分，直接关系到教育质量和教育目标的实现。

（一）多元化评价指标体系的构建

在大数据的支持下，高职教育可以收集和分析更加丰富和多元的数据资源。传统的以分数、排名为主的评价方式不能全面反映学生的实际能力和个性发展。故需要构建包含知识掌握、技能应用、创新实践、团队合作、道德品质等多方面的评价指标，形成一个全面、客观、公正的评价体系。

（二）过程性评价的强调

大数据技术使得实时性的、持续性的教育过程评价成为可能。与只看结果的终结性评价不同，过程性评价关注学生的学习过程，如学习方法、学习态度、参与程度等，能够实时发现问题，及时进行干预和调整，更有利于学生能力的全面发展。

（三）自我反馈与互动评价机制的引入

在互联网和大数据的环境下，可以方便地实现学生的自我评价和同伴评价，形成互动评价机制。学生参与自我评价，可以增强自主学习和自我管理的能力；同伴评价有助于培养团队协作精神和批判性思维。

（四）数据分析与智能评价技术的应用

通过大数据分析技术，如数据挖掘、机器学习等，可以从大量教育活动数据中提炼出有价值的信息，辅助教育评价决策，实现智能评价。例如，可以通过分析学生的在线学习行为数据，来预测学生的学业成绩和发展潜能。

（五）结果应用与持续改进机制的确立

评价结果的应用是绩效评价的重要环节。需要将评价结果反馈到教育教学的各个环节，作为教育教学改进的依据，确立持续改进机制。同时，要建立相应的激励与约束机制，确保评价结果能够得到有效应用。

（六）对隐私安全与伦理规范的重视

在大数据应用的过程中，要特别关注数据的隐私保护和伦理规范问题。确保数据收集、存储、分析和使用的过程符合相关法律法规，保护学生和教职工的个人隐私，避免数据安全风险。

通过上述创新方法和思路的实施，高职教育的绩效评价体系将更加科学、合理、全面，能够真正发挥绩效评价在教育质量提升中的关键作用，更好地服务于教育教学管理工作，促进高职教育的健康发展。

第七章　大数据时代下高职教师教学能力发展

第一节　大数据时代高职教师教学能力内涵

一、高职教师的教学能力现状

（一）高职教师概念

高职教师，作为高等职业教育体系中的重要组成部分，担任着培养具有专业技能和实践能力的技术型、技能型人才的任务，这一角色在当前全球经济、科技快速发展的大背景下显得尤为关键。他们不仅是知识的传授者，更是学生职业素养培养和实践技能指导的重要引导者。在许多方面，高职教师的职责和影响力超越了传统教学的范畴，涉及更广泛的教育目标和社会发展需要。

高职教师是响应国家和社会经济发展需求的关键力量。在现代社会，随着产业结构的升级和劳动力市场的变化，对高技能和高素质人才的需求不断增长。这种趋势明确指向了高等职业教育在人才培养体系中的重要地位。作为这一体系的重要支撑，高职教师需要具备与时俱进的视野，能够理解和分析劳动市场的需求变化，将这些变化融入教育内容和教学方法中。这不仅需要他们拥有扎实的专业知识和技能，还需要具备前瞻性的思考，能够预见到行业未来的技术方向和职业要求，为学生提供未来职业发展的指导。

作为高等职业教育的重要支撑，高职教师的角色远不止是传统意义上的"教师"，更是连接教育与就业、学校与企业的桥梁。他们在培养学生的专业技能、指导学生的职业发展，以及推动高等职业教育与社会经济需求对接等方面，扮演着无可替代的重要角色。这一职业群体的素质和能力，直接关系到高等职业教育质量和培养出的人才能否满足社会的需求，因而对他们的培养和专业发展应给予高度的重视。

（二）高职教师的特点

高职教师在教育领域占有特殊的地位，他们在知识传授、技能训练和职业指导等多方面具有独特的职责和功能。要深入分析高职教师的特点，就必须从他们在教学内容、教学方法、职业素养和持续学习等方面所展现的独特性进行详细探讨。

首先，从教学内容角度来看，高职教师不同于一般高等教育教师的重要特点之一是他们所教授的知识与技能更贴近实际产业和企业需求。这种贴近性不仅体现在专业知识的实际应用上，还体现在对学生未来职业角色的具体预设上。高职教师教授的不仅是理论知识，更多的是如何将这些知识应用于实际工作中，解决实际问题。这就要求他们必须对相关行业有深入的了解，能够准确把握行业动态和技术发展趋势，确保教学内容的前瞻性和实用性。此外，他们还需要与企业和行业保持密切联系，了解企业的最新需求，将这些需求转化为教学内容，使学生能够更好地满足未来雇主的要求。

其次，从教学方法上来说，高职教师采用的是一种更加注重实践、体验和参与性的教学方式。这种教学方式要求学生不仅要掌握理论知识，更要通过实际操作来培养解决问题的能力。因此，高职教师常常利用案例分析、角色扮演、模拟实验、工作坊等多种教学方法，让学生在实践中学习，在实际操作中掌握专业技能。这不仅能提高学生的学习兴趣，还能帮助他们更好地理解理论知识与实际工作的联系，培养他们的实际工作能力。在这一过程中，高职教师更像是学生学习过程中的引导者和辅导者，他们不仅传授知识，更提供指导，帮助学生克服学习中的困难，指导学生如何自主学习，培养学生的自学能力和终身学习的意识。

再次，从职业素养上讲，高职教师自身不仅要具备丰富的专业知识和技能，还要具有一定的行业背景和实践经验。他们需要能够将理论知识与实际应用相结合，展示知识的实用价值，指导学生如何在实际工作中应用所学知识。这就要求高职教师不仅是学科的专家，还要是行业的实践者。他们需要定期参与行业实践，更新个人的专业知识和技能，保持与行业的紧密联系。同时，高职教师还需要具备良好的职业道德和职业行为，以身作则，为学生树立良好的职业榜样。

最后，从持续学习的角度，高职教师需要具备持续学习和自我更新的能力。由于技术和行业的快速发展，他们必须不断学习新的知识和技能，以适应行业的变化。这不仅包括参加各种专业培训和学术交流，还包括自主学习和研究。他们需要关注行业动态，学习新的技术和方法，不断完善自己的教学内容和方法。这种持续学习不仅是对个人专业发展的要求，也是对学生负责的表现，确保学生能够学到最新、最实用的知识和技能。

综上所述，高职教师具有教学内容贴近实际、教学方法注重实践等特点，具备深厚的职业素养和持续学习能力。这些特点使他们在高等职业教育体系中发挥着不可替代的作用，是连接学校与企业、教育与就业的重要桥梁。因此，对高职教师的培养和专业发展应给予足够的重视和支持，以确保他们能够更好地履行自己的职责，为社会培养更多高素质的专业技术人才。

（三）高职教师教学中存在的问题

在当代教育体系中，高职教师扮演着至关重要的角色，他们直接影响着职业教育质量和培养人才的效果。然而，在实际的教学过程中，高职教师面临着多方面的挑战和问题。这些问题不仅影响教师个人的教学效果和职业发展，也影响着学生的学习体验和职业前景。

首先，教学内容与实际需求脱节是高职教师普遍面临的一个问题。随着科技的快速发展和产业升级的加速，很多传统的专业知识和技能已经不能完全满足当前企业的需求，新的技术和工作模式不断涌现。然而，一些高职教师的教学内容更新速度却跟不上这些变化，仍然停留在传统的知识体系和技能训练上。他们可能缺乏与企业和行业的紧密联系，不了解市场的最新需求和发展趋势，导致教学内容过时，不能为学生提供有价值的指导。这种脱节不仅削弱了学生的就业竞争力，也降低了高职教育的社会价值和效益。

其次，教学方法的单一和过时也是一个普遍问题。有效的教学需要采用多种方法，结合理论教学和实践训练，提高学生的参与感和体验感。然而，一些高职教师仍然沿用传统的讲授式教学方法，缺乏必要的互动和实践环节。他们可能忽视了技能训练和实践操作在职业教育中的重要性，没有充分利用案例分析、项目协作、模拟实训等教学方式。这种情况下，学生可能只是被动接受知识，缺乏主动探索和实践的机会，难以将所学知识转化为实际能力。

再次，教师自身专业发展的缺失也是一个不容忽视的问题。高职教师需要不断更新知识和技能，提高自己的教学水平和专业素养。然而，一些教师可能忽视了自身的持续学习和专业发展，长期停留在自己的舒适区内，没有跟上行业和教育领域的发展。他们可能缺乏有效的自我学习计划和目标，没有参加必要的培训和学术交流，导致专业知识和教学技巧的滞后。这种缺失不仅限制了教师自身的职业成长，也影响了学生的学习质量和深度。

最后，与企业和行业的联系不够紧密是影响高职教师教学质量的另一个关键因素。理想情况下，高职教师应该与相关企业和行业保持密切联系，了解他们的需求，引入实际工作场景到教学中。然而，现实情况是，一些教师与企业的联系很少，没有形成有效的信息交流和资源共享机制。他们可能不了解最新的行业动态和技术需求，不能为学生提供真实的工作体验和实践机会。这种脱节使得教学内容缺乏针对性和前瞻性，难以帮助学生适应未来的职业生涯。

二、大数据时代高职教师教学能力的涵盖

在大数据的浪潮中，高职教育领域也正在经历前所未有的变革。这一时代的特征不仅在于数据信息的海量和多维度，更在于它如何深刻地重塑了教育者的角色和教学方法。特别是在高职教育这一特殊领域，教师的教学能力不再局限于传统的知识传授和技能训练，而是在一个更加开放、动态、互联的环境中，对教育过程和结果进行精准的分析和优化。

（一）大数据时代高职院校教师教学能力

在教学实践中，教学能力的构成和展现不仅直接关联到教学过程的效率和成果的质量，而且深远地影响着学生通过教学活动所获得的成长和发展的广度与深度。具备高水平教学能力的教师，通过其精湛的指导方法和教学策略，不仅显著提升教学过程的效益和输出的质量，同时也能够有效地促进学生在认知、情感、技能等多方面的全面而良性的发展。这种影响力并不局限于某一特定教育阶段或形式，而是贯穿于教育系统的各个层面，特别是在对专业技能和实践能力要求极高的高等职业教育领域。

当前，随着大数据和信息技术的飞速进步，传统的高职教育教学环境和模式正经历着深刻的变革。信息技术的广泛应用不仅改变了教育活动的外在形式，更提出了对高职教师教学能力新的、更高的标准和期待。在这一背景下，教师是否具备对大数据的敏锐洞察和应用能力，是否可以运用相关的数据信息来识别、分析并解决教学过程中遇到的各种问题，是否能够整合现代信息技术来优化教学内容和方法、提升教学成果的质量，并成功激发学生的学习兴趣和自主学习的动力，都成为评价教师教学能力的关键指标。

　　换言之，大数据时代为高等职业教育带来了重新审视和构建教师教学能力的宝贵机遇和挑战。在这个过程中，教师不再是知识的单向传授者，而需要成为能够灵活运用信息技术和数据资源，结合教学实际，不断优化教学过程和提高教学效果的复合型人才。因此，当前和未来的高职教师培养和专业发展，必须重点关注其大数据素养和信息技术应用能力的提升，以满足教育现代化和高质量人才培养的迫切需求。

　　在当前教育学术讨论中，对于大数据背景下高职教师所需具备的教学能力的定义和内涵，尚未形成广泛的共识。不同学术领域和研究取向的学者，基于各自的研究目标和学术需求，对高职教师在大数据时代的教学能力进行了多维度的解读和阐释。尽管观点各异，但普遍强调了现代信息技术的飞速进展、互联网的全面普及以及智能移动设备的广泛应用，对教师与学生之间传统的角色定位和互动模式产生了根本性的影响。这种影响不仅促使教育者重新审视教与学的关系，还对教师的综合素质和教学技能提出了全新的要求。

　　在大数据的浪潮中，高职教师不再仅是知识的传授者，他们的角色和职责发生了深刻的转变。他们需要成为教学活动的积极组织者、课程资源的策略性搜集者教学过程的智慧引导者，以及学生自主学习的合作伙伴。这些多重身份的整合，标志着教师角色的重大转型，这种转型促使教师的工作重点也发生了显著变化。与传统的侧重教学内容设计、知识传授、课堂管理等职能相比，现代高职教师更需关注以学生为中心的教学策略，这包括整合各类数据资源，协调学生的学习进程，引导学生的自主学习，以及提供个性化的学习咨询服务等。

　　这种质的转变，强烈要求高职教师必须具备深厚的大数据信息素养，这不仅包括数据的收集和整合能力，更涵盖了数据的分析、解读、应用及基于数据的决策能力。此外，教师还需要掌握以学生为中心，通过引导和支持学生自主学习为核心的教学技巧和策略，从而真正实现教学方式的现代化，满足高等职业教育在新时代背景下对人才培养的多元需求。在这一进程中，教师教学能力的提升和专业发展将成为高职教育质量提升的关键因素。

　　综上所述，我们认为，大数据时代高职院校教师教学能力是教师以大数据信息素养和合理运用现代化信息技术来改进高职院校教学活动、进行科学研究及总结反思的能力。具体能力包括：对教学实践活动中需要或者出现的相关数据具有敏锐的数据意识；协助学生完成课前信息收集、自主学习的阶段对网络信息所需的鉴别能力和整理能力；对获取和收集的数据进行分析、汇总与解读的能力；引导学生设立学习目标，为学生创造合适的学习条件，给予学生学习的鼓励和支持的教学协作能力；对于学生进行规范化的自主学习过程的有效数据采集的能力；通过对学生学习行为、过程、效果的分析，查找教学中的不足和问题，并进行反思，及时调整教学活动的能力等。

（二）大数据时代高职院校教师教学能力结构层次

在大数据时代，进行信息化教学改革不仅仅是一种进行课堂教学活动的工具，更是大数据时代独特的教育方式。这种独特的教育方式只有融入到教师的教学设计和教学过程中才能够发挥它的实际价值。所以，在大数据时代高职院校教师必须具备将互联网信息科学技术与传统的教学能力进行有效融合的能力。这时候的高职院校教师教学活动和专业发展的全过程将会充分体现现代化信息教学的特色，其结构层次也将发生新的变化。

1.基础知识层次

教师在开展教学活动时必须掌握一定的基础知识和技能。这一层面的知识涵盖了基本的学科理论、普遍适用的教学规律，以及多种教学方法的基本原理。值得注意的是，在大数据环境下，传统的教学方法须与时俱进，融合现代信息技术和数据处理手段，以及充分利用教学新媒体的特性，确保教学方式的现代性和有效性。

2.延伸知识层次

当教师能够运用现代信息技术将教学内容科学化、合理化地转化并实施时，不仅可以提升教学效率和质量，同时也能够促进对学科知识体系的创新思考和深入探索。在大数据时代，高职院校教师的教学能力还应扩展到利用信息技术反馈对学科知识的深化理解，以及利用这些技术推动学科专业知识和技能的进一步发展和学科教学方法的持续改进。

（三）大数据时代高职院校教师教学能力标准

1.大数据时代高职院校教师教学能力的依据

大数据时代引领了对人类各项能力的全新要求，对社会各界，尤其是教育领域，提出了前所未有的挑战。这一时代不仅改变了人类的生产模式和交际方式，还强化了信息化和"互联网+"在各领域的渗透，将人类的生活实体空间扩展到了数字化空间，促进了网络技术在各行各业的普及。在此背景下，人类活动的自由度得到了空前扩展，同时也伴有更高层次的个体话语权的获取。

在这种环境下，个体是否能够依赖其知识、技能和智力来完成特定任务，不仅考验着其内在的稳定性和自控力，也对其信息解读和处理能力提出了更高的要求。因此，高等职业教师在培养学生时，除了注重学生的专业技能和人际交往能力外，更应重视培养学生的数据素养，包括获取、分析和处理数据的能力，自我管理和问题解决的能力等。

作为承担人才培养任务的高职院校教师，他们不仅需要理解大数据时代对人才的新要求，而且必须重新审视并优化自己的教学能力结构，提高教学的有效性。在大数据的背景下，教师应充分利用互联网平台进行教学资源的获取、知识的传播和信息的处理。通过网络环境，他们能够开展更广阔的学术研究和跨区域的教学协作。

因此，在大数据时代，高职院校教师面临的关键任务是不断适应这一时代的特征，持续学习新的知识和技术，丰富个人的专业领域，提升教学方法，以适应这一时代对教学能力的新要求。只有这样，教师才能有效地完成其教育使命，实现个体的职业价值，并为学生培养提供更加坚实的支持。这些转变和要求构成了大数据时代高职院校教师必须具备的全新教学能力的理论依据。

（1）高职院校教师从事的开发人类智力的工作

教学工作在本质上是一项旨在开发人类智力的复杂活动，使教师职业成为一个高度智力密集的领域。教师的学历背景通常被视为其专业知识、实践技能和科学研究基本能力的重要指标。然而，这还不够，还必须要求高职院校教师具有将其深厚的学识、技能和探索能力通过复杂和创造性的教学活动转化为学生可以理解、学习和掌握的学科知识的能力。这不仅要求教师在其领域具有精深的专业知识、实践技能和创新研究能力，还要求他们具有高度的教学转化能力，能够将抽象复杂的知识点转化为学生可接受的形式。

（2）在大数据时代高等教育的学科资源共享存在难度

当前，中国高职院校的学科设置涵盖了理学、工学、农学、医学等多个一级学科，并在这些一级学科的基础上进一步划分为多个二级学科。这种复杂的学科体系导致了学科之间存在明显的差异性。在传统情况下，高职院校教师之间的合作和交流往往局限于同一学科内的不同专业。然而，大数据时代要求更深层次、更广泛的交流和协作，传统的交流方式已无法满足现代信息化技术发展的需求。

这种情况促使我们重新思考不同学科和专业之间如何实现资源的共享，以及如何适应教学工作中多学科交叉发展的新趋势。以医药类院校为例，营销专业的教师不仅应具备医药营销的基本教学能力，还需要适应多专业融合的需求，具备教授食品保健品营销、医疗器械营销、口腔医疗设备营销以及针对老年市场的产品营销等多个领域的综合教学能力。这种跨学科的教学能力是大数据时代对高职院校教师提出的新要求，旨在促进不同专业间的资源共享和教学方法的创新，满足社会发展和行业需求的多样性。

（3）大数据时代学生能够获取丰富的信息，对教师的专业化提出挑战

在大数据的浪潮中，学生们享有前所未有的信息获取能力，这对高职院校教师的专业素养和教学方法提出了新的挑战。互联网和各种数字平台为学生提供了几乎无限的知识资源，学生可以不费吹灰之力地获取关于各个学科的详细信息。例如，他们仅需通过智能手机即可迅速查阅到国际贸易的各种定义。在这种环境下，高职院校教师面临的挑战是：如何超越基本的信息传递，向学生展示一个更深层次的、适应他们认知水平的，并且更符合实际应用的知识体系。

此外，学生的学习习惯也因为"随时随地的在线信息获取"而发生了变化，他们更依赖于即时获取的数据，而不是深入挖掘和批判性思维。这种变化迫使高职院校教师需要重新审视他们的教学方法。尽管教师也从大数据和网络信息中受益，但与在数字时代长大的学生相比，他们在使用这些技术时可能不那么自如和直观。因此，高职院校教师需要调整自己的思维方式，掌握并利用现代信息技术，以提升自身的信息素养，满足学生对知识获取方式的新需求。

在大数据时代，肩负着培养创新型人才使命的高职院校教师，必须整合新的教育理念和教学方法。只有这样，他们才能培育出具备高综合素质、能适应时代发展需求的新一代人才。这意味着教师不仅要更新自己的专业知识，还需要学会如何在充斥着各种信息的环境中，指导学生如何筛选、验证和利用信息，培养他们的创新思维和问题解决能力。因此，高职院校教师的专业发展和教学改革应成为教育行政部门和教育研究者关注的重点。

2.大数据时代高职院校教师教学能力的标准

根据大数据对高职院校教师教学能力的要求所制定的教学能力的标准有以下几点。

（1）大数据时代高职院校教师技术知晓能力

在大数据时代背景下，高职院校教师的技术认知能力成为其职业素养的重要组成部分。这种能力首先体现在教师对大数据在社会生产、民生及高等教育等领域应用的深入理解。他们需要建立鲜明的数据信息意识，对信息技术在各领域的渗透程度和应用水平有清晰的认识。此外，教师还应跟踪现代信息技术与相关产品的最新发展，不仅要对技术变革有敏锐的洞察力，还需积极学习并实践先进的大数据技术，整合到教学之中。

不止于此，高职院校教师在大数据时代还需展现出与时俱进的思维模式和信息技术创新能力，善于运用信息技术解决教学中的实际问题。这意味着教师不仅要作为技术的使用者，更要成为技术的引领者，推动教学方法的创新和学科知识的前沿拓展。

（2）大数据时代高职院校教师技术应用能力

技术应用能力是高职院校教师在大数据时代必备的另一项核心能力。首先，教师需要能够熟练地运用现代信息技术处理日常教学和行政工作，这包括收集和发布教学相关的数据信息，实现教学和办公自动化，并利用各种网络功能简化日常任务。

其次，高职院校教师还应将信息技术融入教学实践中，如整合数字化教学资源，运用网络教学平台和数字化工具进行课堂教学和互动，以丰富教学手段，提高教学效果。在个人职业发展方面，教师应利用现代技术资源支持自己的终身学习，通过不断学习来提升个人的专业能力和教学水平。

（3）大数据时代高职院校教师技术文化能力

在大数据的浪潮中，高职院校教师的技术文化素养显得尤为关键，这不仅涉及教学行为的现代化转型，也关乎教师自身专业成长和教育理念的现代化。技术文化素养首先体现在教师成为数字公民的能力上，这要求教师能够灵活运用网络技术优化教学行为，通过数字化的方式改革学习方法和工作策略。在这一过程中，建立和维护一个与同行及更广泛社会群体之间的数字化沟通网络成为必须，以促进知识和经验的交流与合作。

其次，技术文化素养还要求高职院校教师具备深刻的大数据意识。这意味着教师不仅要转变传统的教育观念，适应教育环境的复杂性和不断变化的技术潮流，更要理解和应用大数据的精髓——数据共享的智慧。教师需要充分利用大数据的开放性和功能性，运用于教学创新之中，以期降低教育成本，同时提高教学效率和质量。

最后，遵循数字时代的资源使用规范和应用规则，也是衡量教师技术文化素养的重要标准。教师不仅要熟悉并恪守这些规范和规则，还需要培养符合信息化时代要求的道德修养和文化情操，这包括对知识产权的尊重、网络伦理的践行，以及在数字交流中展现的职业责任和文化敏感性。

第二节　大数据时代高职教师的角色发展

一、大数据时代对高职院校教师角色的影响

教师角色的构建不仅仅基于社会对其职责和任务的认知和评价，也涉及教师自我认同、期待及其在教育互动中所扮演的角色。这一角色在信息技术飞速发展的大数据时代，尤其是面对互联网的普及化和技术环境的根本性变革，正经历着前所未有的重塑。这种转变不仅影响了教师的社会形象、工作模式和社会期待，也重新定义了教师与学生的互动方式。

（一）大数据时代高职院校教师工作方式的转变

1. 大数据时代高职院校教师要在工作方式中充分利用现代信息技术

大数据技术对高等教育领域的渗透和革新，特别是信息资源的共享和大数据技术的应用，要求高职院校教师在教学方式和方法上进行相应的调整和创新。例如，当前，众多高职院校已经将移动智能设备如智能手机、平板电脑等，作为教学辅助工具，通过这些设备开展课堂互动，上传教学课件和资料，这不仅减少了学生对传统教材的依赖，也节约了他们在图书馆查阅资料的时间。通过这种方式，课堂教学内容得以丰富，教学方法更加多样，同时也显著提升了课堂氛围的活跃度。

此外，一些创新的教学方法如弹幕教学的应用，更体现了信息技术与教学深度融合的趋势。教师可发布问题，学生则通过移动设备发布答案，所有回复实时显示在教学屏幕上，这种互动不仅增强了课堂的趣味性，也在更大程度上促进了师生间的互动交流。

这些变革表明，高职院校教师正需要以开放的心态，接纳并融合现代信息技术，利用大数据时代所带来的技术资源和教学理念，不断地创新教学方式和策略，以适应教育教学的新变化，满足数字化时代对教育质量和效率的更高要求。

2. 大数据时代高职院校教师的教学内容和方式发生了改变

在大数据的浪潮中，高职院校教师的教学内容和方法正经历着深刻的转型。摒弃了传统的黑板和粉笔教学，教师们越来越多地采用电子文本、音频、图像及视频等多媒体资源作为教学的载体。这不仅极大地拓宽了教师的教学手段，也激发了他们在教学设计上的创造力。他们可以自由地运用现代化的信息技术，重新规划教学策略，用更具活力的方式呈现知识和技能，从而在教学过程中产生更强的感染力和影响力。

显然，大数据时代的高职院校教师工作已超越了简单的知识传授，转而侧重于利用丰富的数据信息和先进的多媒体技术，对教学过程、教学方法及内容进行革新。举"翻转课堂"这一教学模式为例，它的成功实施展现了高职院校教师工作方式的具体转变和应用情况。在这种教学模式下，学生需要在课前通过互联网自行收集与主题相关的材料，并与小组成员积极讨论。课堂时间则用于与教师深入交流、讨论和实践练习。这种模式改变了传统课堂学习的结构，将学习过程分为知识获取和知识吸收两个阶段，从而更好地发挥了学生的主观能动性，并提高了学习效率。

因此，在这种教学模式下，高职院校教师的角色也发生了根本性的变化。他们不再是单一地传授知识，而是要设计教学任务，组织和引导学生的小组讨论，评估学生的研究成果，解决学生的具体问题，以及布置实践练习等。课后，教师的工作也不再局限于传统的备课，而需要制作微课视频，设计学生的学习计划，更加注重对学生学习过程的指导与反馈。这种全方位、多角度的教学方式，反映了大数据时代教师角色的多元化和教学方式的创新性，是对传统教育模式的有效拓展和深化。

3. 大数据时代高职院校教师与学生的沟通方式发生了改变

在大数据时代，人与人的沟通方式已经发生了翻天覆地的变化，打破了时间和空间的阻隔，实现了及时的、多角度的、全内容的交流。在互联网技术、智能移动终端和计算机程序等现代信息技术共同努力下为人类搭建的交流平台上，教师与学生的沟通也更加便利、便捷和有效。教师可以利用网络技术和云储存技术将有关课程的教学日历、课件、习题等资料与学生共享，帮助学生完成学习计划、为学生布置学习作业、解决学生的疑问等；教师可以利用腾讯 QQ、微信、微博、公众号等载体进行交流互动，了解学生的思想动态，帮助解决学生成长中的问题，成为学生们的知心朋友；教师可以通过教学评价系统了解学生对讲授课程的看法和意见，并以此对自己的课程进行进一步的教学调整。

简而言之，在大数据时代高职院校教师在学生眼中再也不是高不可攀的形象而变得非常亲密。通过多种交流媒介的应用，高职院校师生之间的沟通变得十分多元，并且对课堂教学起到了积极的促进作用。

（二）大数据时代高职院校教师的角色承受更多来自社会公众的期待

在大数据时代的背景下，高职院校教师的角色正承受着来自社会各界更为多元和深远的期待。传统上，高职教育的教学模式往往在课堂结构、教学目标、内容设计以及教学方法等方面遵循一致性原则，教师主要承担着传道、授业、解惑的职责，即按照既定标准，将自己的专业知识、技术经验和意识形态传授给学生。然而，大数据环境重塑了信息的获取和处理方式，相应地，社会对教师的期待也不再局限于传统的知识传授，而是更加关注于激发学生的创造性思维和批判性思考，引导他们在海量信息中探索更广阔的可能性。

面对这一转变，社会更加强烈地期望高职院校教师能够站在以学生为中心的立场，不仅协助学生在纷繁复杂的信息世界中进行有效的知识筛选与获取，还要指导他们如何综合运用这些信息进行深入的专业领域探索。这要求教师能够灵活运用互联网和各种软件工具，与学生保持即时的沟通，及时解答学生疑惑，促进学生对知识的深入理解和掌握。在评估环节，教师需要根据学生的课堂表现和课外学习活动的活跃度进行全面评价，并对学生的进步给予积极反馈，加深学生对学习重要性和专业价值的认识。

然而，互联网和现代信息技术虽为学生提供了丰富的学习资源和便捷的学习环境，也带来了不容忽视的挑战。信息的易获取性导致学生能够随时对任一主题进行探索，但这种即时性往往使得学习过程碎片化，难以构建系统的知识结构。学生面对海量而杂乱的信息，很难进行整体性思考和深层次学习。此外，还需关注学生的自律问题。尽管我们讨论的是成年学生群体，网络成瘾等问题并不受年龄限制，因此，对这种开放的学习模式，教师需要从监督和管理的角度提供必要的引导和支持。

在当今大数据和信息技术高度发达的时代背景下，学生在学习过程中面临着前所未有的挑战。一方面，他们需要抵制来自互联网的各种娱乐诱惑，保持学习的持续性和计划性；另一方面，信息鉴别能力成为一项基本而关键的技能，学生必须学会在海量信息中进行独立思考，辨识信息的真实性和准确性，或在教师的指导下进行此类活动，以增强学习的深度和效果。

值得注意的是，随着现代信息技术和互联网的深度融入高等教育领域，相应产生的一系列问题已引起了社会各界的广泛关注。社会公众越来越倾向于期待教师能够承担起引导和规范学生如何利用大数据和互联网资源进行学习的责任。这不仅意味着教师要在教学活动开始之前，深入分析各种信息资源，明确它们之间的逻辑联系，还要根据知识点的重要性和难度，合理整合教学内容。

与此同时，教师还需紧跟现代信息技术和互联网科技的最新发展，掌握与学科相关的最新数据特征，以便利用最前沿的技术和数据来调整教学计划和内容，确保教学活动的实时性和相关性。此外，对学生的学习过程和成果进行细致的评估也是教师不可或缺的职责。通过系统的评价机制，教师不仅可以帮助学生清晰地了解自己的学习进度和现状，还能协助他们识别问题，制定解决策略，从而更加有效地推动学生的学习进程。

（三）大数据时代高职院校教师与学生的关系更加亲密

传统观念往往将高职院校教师视为轻松的职业，他们的工作似乎仅限于课堂讲授，不受严格的工作时间约束，常常是"不用坐班，下课就走"。这种观念根植于传统教学模式中，教师与学生的互动大多局限于课堂内的单向知识传授，且受时间和空间的限制，很难实现深入的交流和沟通。

然而，在大数据时代的今天，互联网科技的革新为师生互动提供了更加丰富和灵活的方式。教师不再仅是知识的传授者，而是转变为学生学习过程中的引导者和伙伴。他们可以根据学生的学习状况，提供个性化的课后辅导和答疑；关注学生感兴趣的话题和时事新闻，使课堂讨论更加贴近学生的实际；在学生的专业学习和职业规划上提供指导和建议。这样的互动不仅弱化了教师在课堂上的权威形象，也鼓励了学生展现积极主动和思维活跃的一面。在这种教育关系中，教师不过分依赖教科书，而是引导学生通过多种渠道探索和获取知识，促使学生在更加自由、和谐的学习环境中充分发展个性和能力。

二、大数据时代高职院校教师角色的发展趋势

总的来看，大数据和信息技术的迅猛发展极大地改变了高职院校教师的工作模式、社会角色认知，以及与学生的互动方式。这些变化涵盖了教师对学生学习过程的介入方式、数据信息资源的利用、学习活动的策划，以及与学生的沟通交流策略等多个层面。在大数据的背景下，高职院校教师不仅要维持传统的教育者、文化传承者和思维启发者的角色，更需要将自身定位为学生学习的协助者和引导者，将信息传授转变为信息资源的整合者，将学习过程的组织者转型为学习过程的协调者，甚至在学科之外成为学生平等互动的咨询者。因此，大数据时代高职院校教师角色可以概括为以下九大类。

（一）教育者

在高职教育领域中，教师首先扮演着教育者的重要角色，他们不仅是实施教学活动的核心力量，也是引领师生关系健康发展的关键。为了响应高等教育对培养符合社会发展需求的高素质人才的使命，高职院校教师需按照人才培养的目标和标准，精心设计教学内容，规划教学流程，并且创新教学手段。在教学实践中，他们通过自身的言行影响，塑造学生的道德品质和行为规范。因此，高职院校教师必须强化自身作为教育者的职责意识，建立并维护良好的教师职业道德和正面的社会形象。

（二）文化的传播者

教育不仅是知识和技能的传授，更是文化传承与创新的重要场域。站在教育者的角度，教师自然肩负着将深厚的专业文化知识传播给学生的职责。缺乏了对文化的传递与继承，教育的意义便会大打折扣。在高职教育的课堂中，学生应能以最为精练、直接并且高效的方式，从教师处吸收丰富的文化知识。在这一过程中，教师运用各种教学方法，如启发式教学、案例分析、互动评议等，引导学生对所学文化知识进行深度理解、内化及创新性转化。因此，在确认自己作为教育者的基本身份的同时，高职院校教师还需积极担任文化的传播者，促进学生在专业领域内的文化素养和创新能力的提升。这不仅有助于学生个人的全面发展，也对社会文化的传承和发展起到了积极的推动作用。

（三）智力的开发者

在高等教育的语境下，高职院校教师的角色远远超越了传统的知识传授者，

他们在学生的智力启迪和专业能力提升中起着至关重要的作用。除了专业知识的传递，他们还需致力于学生在专业领域内的思维拓展、解决问题的能力培养，以及独立思考和探索的技巧提升。这意味着，教师不仅要确保学生掌握扎实的基础理论和实践技能，还需通过启发式和引导式的教学方法，激发学生对学科知识边界的扩展、技能的进一步提升和理论创新的热情。这一过程不仅能培养学生的研究热忱、探索精神和创新能力，也为学科自身的发展注入新的活力。为此，高职院校教师在促进学生智力开发的同时，应不断探索和优化教学环境，尝试多元化的教学策略，并利用丰富的教学资源，以实现学生智力的全面开发和学科的持续进步。

（四）信息资源的整合者

进入大数据时代，互联网已成为获取知识的重要途径。然而，网络上海量的信息杂乱无序，且夹杂着不少误导性内容。在这一背景下，高职院校教师的另一重要职责是作为信息资源的整合者。他们需要在学生进行信息检索和自主学习的过程中，对海量的网络信息进行筛选、鉴别和整合，构建与专业知识体系相一致的信息资源库，以协助学生建立正确的学习框架和路径。在整合专业教学资源时，教师应注重各知识点之间的逻辑联系，关注信息的更新速度和准确性，并在课程资源库的构建中充分考虑学生知识接受的层次性，以便学生能在不同的学习阶段清晰地认识到自己的学习状况、存在的问题及潜在的发展方向。通过这种方式，教师不仅优化了学生的学习过程，也增强了他们对复杂信息进行分析和批判性思考的能力，为学生未来在更广阔领域的探索和发展奠定了坚实的基础。

（五）学生自学的引导者

在大数据时代，现代信息化技术对人们的工作方式和学习手段都产生了巨大的影响。高职院校教师在教学过程中也纷纷开展多种多样的教学改革尝试，出现了慕课、翻转课堂等利用网络进行线上和线下相结合的学习模式。在这些创新的教学模式中，利用互联网进行课前自学和课后拓展学习的学生越来越多。当然其中一部分是教师教学的需要。不管原因如何，在大数据时代学生的自主学习的积极性明显加强，相应地教师对学生学习过程的控制力也在明显减弱。但是，自学并不是自由的学习，也不一定是有效率的学习。尽管已经是成年人了，在自学过程中也可能遇到知识体系和逻辑关系的混乱情况。所以，教师应该引导学生设立学习目标，为学生创造合适的学习条件，给予学生学习的鼓励和支持。在这个时候，高职院校教师就是学生的导师，引导其实施规范化的自主学习。

1.引导学生树立合理的学习目标

对于学生而言，合理的学习目标是驱动其不断前进的关键因素。高职院校教师在此过程中扮演着重要角色，他们需要根据学生的个体差异和实际能力，帮助他们设定既具挑战性又可达成的学习目标。通过这种方式，教师不仅整合相关的学习资源，激发学生的学习热情，还能帮助学生建立自信，从而在面对复杂任务时展现出更高的积极性和持久性。

2.引导学生组成学习团队

"众人拾柴火焰高"，这一理念同样适用于学术领域。创造性和创新性思维的碰撞往往发生在团队互动中。因此，教师应鼓励学生形成学习小组，通过分工和合作，让每个成员都能在团队中找到自己的位置，发挥个人长处。这种协作式学习不仅可以帮助学生解决个人学习中可能遇到的困难和挑战，还能促进知识的深度理解和创新思维的产生。

3.引导学生主动发问

自主学习过程中，学生可能会遇到知识的空白点或理解上的偏差。在这些情况下，孤立的思考可能会导致解决问题的路径变得复杂和低效。教师需要教会学生如何提出有建设性的问题，这不仅是解决问题的关键，也是批判性思维的重要组成部分。通过鼓励学生在遇到困难时寻求帮助和主动提问，教师可以帮助他们建立解决问题的策略，优化学习过程，从而实现高效的学习成果。

（六）团队学习的参与者

由于目前互联网提供的信息交流的便利性和开放性，学生在学习团队实践的过程中，团队成员之间不必实现物理性质的见面，往往可以以互联网为媒介展开协作和交流。教师应该参与其中，以行业专家的身份对学生们的学习活动给予指导或者引导其针对重要理论和观点展开讨论，更好地实现学习目标。另外，在整个学习过程中，高职院校教师适时地出现，给予学生反馈、鼓励，都可以很好地引导学生完成学习任务。所以，在学习团队的自主学习活动中，高职院校教师的组织和参与是实践团队协作的必备条件。

1.引导学习团队确定合理目标

作为团队学习活动的指导者，教师须确保学生能够树立明确且合理的学习目标。这不仅包括目标的设定，还涉及目标的分解和个体任务的分配，使得每位团队成员都能根据自己的特长和能力参与到团队学习中。教师的职责在于引导学生如何将宏观目标转化为可操作的微观任务，以及如何协调各成员的力量以高效合作。

2.协助学习团队做好资源整理工作

在团队学习过程中，教师还承担着知识资源的整合者角色。他们需要协助学生在学习活动开始之前，对各种信息资源进行收集、整理和筛选，以确保学生使用的资料的质量和可靠性。此外，教师还需提供技术支持和科学的实践条件，帮助学生更有效地利用这些资源，推动团队学习的深入发展。

3.规范学习团队的学习活动

在团队学习的各个阶段，高职院校教师都应实施有效监督，确保学习活动的规范性和目标的一致性。当团队中出现问题或学习偏离预定轨道时，教师需要及时调整，提供合适的建议或纠正措施。同时，教师也有责任对学习过程进行持续的评估，以便学生能够及时了解自己的学习状态，明确掌握的知识点和需要改进的地方。

（七）自学过程中的咨询顾问

在大数据时代背景下，学生的自主学习活动显现出前所未有的主动性和协作性。通过外部互动和协作，学生不仅是知识的接收者，更是分析和研究能力的构建者。这种对信息的筛选、分析与应用构成了实质性的学习过程，使学生能够深度参与并享受学习的乐趣。利用大数据和信息技术，学生能够自主规划学习路径，控制学习节奏，并根据个人兴趣和基础定制学习内容，采取适宜的学习策略。

在此过程中，高职院校教师扮演着关键的咨询顾问角色。他们应对学生抱以充分的信任和尊重，避免不必要的干预，同时在学生遇到难题和困惑时，提供针对性的指导和耐心解答。教师的指导不仅要基于学生的个性和学科特点，还需针对具体问题提供科学的解决方案，从而真正成为学生学习旅程中的引路人。

（八）教学方法的创新者

在教育教学领域，特别是在大数据时代，高职院校教师作为教育工作者，有责任深度挖掘并应用信息技术带来的创新教学方法，这不仅可以提高教学质量，更可以在教育改革中开辟新的可能性和空间。这意味着，高职院校教师必须深刻认识到，创新教育是其基本的职责和工作重点，成为教学方法的革新者和开拓者是其职业追求和发展方向。

不同于基础教育阶段的教师，高职院校教师往往肩负着教学和科研的双重任务。在教学中，他们需要利用科研成果来丰富教学内容，引导学生对所学科目进行深入的思考和探索。在科研活动中，教师则要将大数据和信息技术与教学实践相结合，推动学科的进步，并将这些新的科研成果再次融入教学中。这种科研与教学的相辅相成不仅能提升科研水平，还能刷新教学方法和内容。

随着大数据时代的不断进展，高职院校教师对新技术和新理念的掌握将直接影响教学效果。只有不断更新教育观念，提高个人的教学能力，教师才能创新教学方法，满足现代教育的需求，从而在教育的道路上走得更远、更稳。

（九）学生未来生活的规划者

从宏观的教育演变视角分析，传统上，高职院校教师在教育体系中扮演着教育者、文化传递者以及智力激发者的角色。然而，进入大数据时代后，这一角色已经发生了显著的多元化转变。教师不仅是信息的整合者、自主学习的促进者、团队协作的协调者，还是学生自学过程中的咨询专家，以及教学方法论的创新实践者。

此外，在师生关系日益紧密和互动频繁的当代教育环境中，高职院校教师更是展现出在学生未来生涯规划方面具有指导性的作用。高等教育，尤其是职业教育，本质上追求的是创新与实践能力的培养。在学生步入社会之际，他们在校园中从教师那里获得的深厚知识储备和技能训练，构成了其适应未来社会挑战的基石。

教师通过课堂互动和实践活动，不仅传授知识，更重要的是预见社会发展的趋势和需求，帮助学生科学地规划其未来的职业路径，预测可能参与的生产和社会服务领域，设计可行的生活蓝图，乃至激发对未来无限可能性的探索和创造。

作为高等职业教育体系中实践教学的中坚力量，高职院校教师在学生教育的全过程、科学研究的深度探究中起着举足轻重的作用。实际上，他们常常还需要兼任学生心理健康的守护者、校企合作的桥梁，以及校园与社会间公共关系的维护者等多重角色。展望大数据时代高等教育的未来，可以预见，高职院校教师将肩负更加多元、更加深远的责任和使命。

第三节　大数据时代高职教师教学能力提升的路径

一、大数据时代高职教师教学能力提升的发展机遇

在 21 世纪的教育背景下，大数据不仅改变了我们理解世界的方式，也为教育领域，特别是高等职业教师的教学能力提升带来了前所未有的发展机遇。

（一）社会提供机遇

1.高职教育占据重要地位

在大数据时代，高职教育之所以能占据重要地位，一方面是由于经济的快速发展和产业结构的升级需要大量具有实践能力和专业技能的高素质人才。传统的基于理论的教育模式已不能完全满足这些迅速变化的需求，而更加注重实践技能和工作经验的高职教育正成为解决这一问题的关键。高职院校能够通过与企业合作，使教育内容和学生技能更好地符合市场需求，从而提高毕业生的就业率和社会满意度。

另一方面，大数据技术的引入为高职教育提供了更精准、高效的教学方法。通过对大数据的分析，教师可以更准确地把握每个学生的学习进度和个性化需求，实现因材施教，同时也能预测行业趋势，更新教学内容，保持教育的前瞻性和实用性。此外，大数据还促使高职院校优化资源配置，改善教学质量，为学生创造更多实践、实习和就业机会，加强与社会的联系。

在这样的背景下，高职教师需要不断提升自身的教学能力来适应教育的新变革。这不仅包括对专业知识的深入理解和对实践技能的熟练掌握，还需要能够运用大数据等现代信息技术来改进教学方法，提高教学效果。因此，大数据时代不仅为高职教育的发展提供了机遇，也促使高职教师必须进行自我革新，提升专业能力和技术应用水平。

2.高职教育国际竞争日益激烈

随着全球化的不断深入，教育国际化已成为一个不可逆转的趋势。在这样的大背景下，高职教育面临着来自世界各国的激烈竞争，特别是在教师队伍建设、教学内容更新、教学方法改革等方面。

首先，为了提升国际竞争力，高职教师需要具备更广阔的国际视野和跨文化沟通能力。这不仅要求教师能够关注国际教育的最新动态，理解不同国家在专业领域的发展现状，还需要他们能够使用外语流利地与国际同行进行交流，引入国际资源和先进经验，提升教学的国际化水平。

其次，面对全球教育的快速发展和国际标准的不断提高，高职教师还需要加强自身的专业能力和研究水平。这包括积极参与国际学术交流，进行跨国研究合作，发布国际学术论文，以及引入国际先进的教学理念和方法等。通过这些方式，高职教师不仅可以提升自己的国际影响力，也能够为本国的高职教育带来更多的国际机遇和资源。

最后，高职教育的国际竞争还体现在对学生能力的培养上。在全球化的大环境下，企业更加倾向于招聘具有国际背景、外语能力强、能够适应跨文化工作环境的高素质人才。因此，高职教师需要在教学中加强对学生国际竞争能力的培养，如：增设外语课程，开展国际交流项目，鼓励学生参与国际竞赛等。

（二）我国高职教育发展的需求

在大数据的浪潮下，我国高职教育正面临着前所未有的发展机遇和挑战。高职教育不仅需要满足社会经济发展的人才需求，更要在教育教学方法、内涵建设、质量保障等方面进行深层次的改革和创新。这种形势对高职教师的教学能力提出了更高的要求，也为其专业成长提供了广阔的空间。具体来说，这些需求和机遇主要体现在传承与创新的需求、高职院校管理提升的需求，以及高职院校核心竞争力的需求三个方面。

1. 传承与创新的需求

在教育领域，传承与创新是推动高职教育持续健康发展的两个重要动力。传承强调的是对传统教育理念、教学内容、教学方法等方面的继承和发扬，而创新则要求高职教育不断适应社会发展的新要求，引入新的教育思想、教学理念、教学技术等，满足现代社会对人才培养的新期待。

大数据技术为传承与创新提供了新的可能性和空间。通过大数据分析，教师可以准确把握行业发展动态、就业市场需求、学生兴趣爱好等，从而实现教学内容的动态更新和个性化教学的实施，提高教学的针对性和有效性。此外，大数据还有助于教师开展教育研究、参与教学改革，为传统教育带来新的生命力。

在这一过程中，高职教师既是传承的承载者，也是创新的实践者。他们需要不断学习新的教育理念和技术，改进教学方法，丰富教学手段，提高教学质量。只有这样，才能使高职教育在传承中创新，在创新中发展，更好地服务于社会经济的发展。

2.高职院校管理提升的需求

随着教育现代化的不断推进，高职院校的管理也面临着新的挑战。一方面，教育的规模化、多样化发展要求高职院校进行更为精细、科学的管理；另一方面，教师、学生等主体的需求和期望也在不断提高，这就需要高职院校在管理上实现更大程度的人性化和灵活化。

大数据技术的应用，使得高职院校管理的智能化、数据化成为可能。通过收集和分析教学、科研、社会服务等各方面的大数据，高职院校不仅可以对教育教学工作进行全面的监控和评价，还可以预测教育发展的趋势，为决策提供科学依据。这不仅提高了教育管理的效率，也优化了教育资源的配置，提高了教育服务的质量。

在这一背景下，高职教师的角色也发生了新的变化。他们不再是单纯的教学人员，还可能成为数据的生产者、分析者和应用者。这就要求高职教师具备一定的数据素养，能够利用数据进行教学研究、教学设计、学生评价等活动，成为教育管理的积极参与者和贡献者。

3.高职院校核心竞争力的需求

核心竞争力是高职院校在激烈的教育市场竞争中脱颖而出的关键。这既包括教育品牌、教学质量、科研能力等传统要素，也包括对新技术、新理念的接纳和应用能力。在大数据时代，高职院校的核心竞争力还体现在数据处理、创新研究、个性化教学等方面。

要提升高职院校的核心竞争力，关键在于教师队伍的建设。只有拥有一支高素质、专业化、国际化的教师队伍，才能确保高职教育质量的稳定和优势的持续。这就要求高职教师不断提升自身的专业水平、教学能力和科研水平，特别是在大数据、云计算、人工智能等前沿领域具有一定的研究基础和实践经验。

此外，高职教师还需要加强与行业的合作，将最新的行业需求、技术标准、工作流程等引入教学中，确保教育的实用性和前瞻性。通过实践教学、项目合作、实习实训等方式，可以进一步提高学生的就业竞争力，从而提升高职院校的社会影响力和市场份额。

（三）教师发展的必然需求

在快速变化且信息量巨大的大数据时代，高职教师面临着前所未有的挑战。这个时代不仅要求教师拥有传统的教学技能，更需要他们具备数据分析、在线教学、跨学科知识等能力。这种变化推动了高职教师自身职业发展的必然需求，并由此与社会发展的需求产生了密切的互动。

1. 教师自身的职业需求

大数据时代对高职教师的职业发展提出了新的挑战和机遇。在这个数据驱动的时代，教师不仅是知识的传授者，更是学生学习过程的设计师、引导者和研究者。这一角色的转变要求教师必须不断提升自己的教育技术能力，包括数据分析能力、数字媒体素养、在线教学策略等。

首先，教师需要掌握数据分析的相关技能。通过对学生的学习数据、行为数据的分析，教师可以更精准地了解每个学生的学习进度、兴趣点和潜在困难，从而实现个性化教学，提高教学的有效性。这不仅可以帮助学生实现最大化的学习收获，也能增强教学过程的针对性和灵活性。

其次，数字媒体素养也成为教师职业发展的重要组成部分。教师需要能够熟练使用各种教育技术工具，如在线课堂、多媒体教学资源、虚拟现实（VR）和增强现实（AR）等，来丰富教学手段，增强学生的学习体验。

最后，教师还需要具备跨学科的知识结构和创新思维。大数据时代的问题往往是复杂和多维的，需要综合多个学科的知识来解决。教师应该引导学生跳出传统学科的框架，培养他们的问题解决能力和创新精神。

2. 社会发展的需求

社会的快速发展和经济结构的不断优化升级对人才提出了新的要求，这些变化反过来也对高职教育提出了更高的期待。在这样的背景下，教师不仅要关注学生当前的学习情况，还需要预测未来社会的需求，为学生的终身发展和社会的长期进步做好准备。

首先，教师需要培养学生的综合素质和能力。面对未来社会的复杂性和不确定性，单一的专业技能已不能满足个人发展的需要。教师应注重培养学生的批判性思维、创造性思维、沟通能力、团队合作能力等，帮助他们适应不断变化的社会环境。

其次，教师要强化与行业的对接，以确保教育内容与社会需求的紧密结合。

通过建立产学研合作、校企合作、实习基地等多种形式，教师可以及时了解行业动态和技术发展，调整教学内容和策略，确保学生的知识和技能与市场需求同步。

最后，教师还需要关注社会责任和伦理道德教育。在快速发展的大数据时代，数据安全、隐私保护、数字鸿沟等问题日益凸显。教师不仅要教会学生如何使用数据，还需要培养他们的数据伦理意识和社会责任感，引导他们成为有道德的数字公民。

综上所述，大数据时代为高职教师的职业发展带来了新的要求和机遇。教师需要不断提升自身的专业能力和素质，以适应教育技术的发展和社会需求的变化，从而实现个人的职业成长和教育事业的持续发展。

二、大数据时代高职教师教学能力提升的对策

（一）国家层面

在全球教育格局的快速演变中，大数据时代要求教育系统，特别是高等职业教育体系，能够响应其带来的深刻变革。高职教师作为教育传递的关键环节，在此过程中扮演着至关重要的角色。因此，国家层面对高职教师教学能力提升的支持和规划显得尤为关键。以下是国家层面可能采取的一些主要策略。

1. 制定全面的政策框架

为了应对大数据时代对教育领域的影响，国家需要制定一个全面的政策框架来指导高职教师的教学能力提升。这个框架应包含明确的发展目标、能力提升路径、评估和监测机制，以及持续的资源投入保障。此外，政策应强调跨部门合作，促进教育、科技、产业和其他相关领域之间的协同发展。

2. 加强教师教育和培训

国家应承担起对高职教师教育和培训的主导责任，确保其与时俱进。这包括改革教师教育课程，强调数据科学、教育技术、跨学科研究方法等内容；开展定期的专业发展活动，如研讨会、工作坊、学术交流等，以帮助教师掌握最新的教育技术和教学方法；并提供持续的在职培训和学习机会，支持教师的终身职业发展。

3. 促进教育科技研究和创新

鼓励并支持高职院校和研究机构在教育技术领域进行前沿研究和创新。这可能包括提供研究资金、建立研究合作网络、推动产学研合作等。通过这些措施，

可以促进教育技术的本土化创新，形成适应国家实际需要的解决方案，并最终转化为教学实践。

4.建立多元化的评估体系

在大数据背景下，传统的教师评估体系可能不再适用。国家需要建立一个更加多元、灵活且以发展为导向的评估体系，以反映大数据时代教师教学能力的多维性。这个体系不仅应评估教师的知识和技能，还应关注他们的创新能力、问题解决能力、终身学习能力等。

5.提供充分的资源支持

国家应确保高职教育领域得到充分的资源支持，包括财政投入、技术设施、学习材料等。特别是在教育技术设施方面，应保证高职院校拥有先进的硬件、软件和网络资源，以支持创新的教学实践。

6.强化国际合作与交流

在全球化的大数据时代，教育合作和交流尤为重要。国家可以通过双边或多边合作项目、教师交流计划、国际研讨会等方式，加强与其他国家和国际组织的合作。这不仅可以帮助教师拓宽视野、学习国际经验，还能提升国家高职教育的国际影响力。

总体而言，国家层面的策略需要一个综合且协调的方法，结合政策引导、资源投入、人员培训、研究创新和国际合作等多个方面的力量，共同推动高职教师在大数据时代的教学能力提升，以适应新时代教育的挑战和需求。在此过程中，政府的领导作用、相关部门的密切协作，以及与全社会的广泛参与，将是确保策略成功实施的关键因素。

（二）高职院校层面

在大数据时代，高等职业教育正面临前所未有的挑战和机遇。高职院校作为职业教育的主要承担者，其在教师能力建设方面的策略和举措将直接影响教育质量和培养目标的实现。以下从不同的角度，探讨高职院校应如何制定和实施相关对策，以促进教师教学能力在大数据背景下的提升。

1.整合教学资源和技术

高职院校需要认识到，传统的教育资源和教学方法已不能完全满足当前社会和产业的需求。学校应积极引入并整合各种新型教学资源和技术，如在线开放课程、虚拟现实/增强现实技术、人工智能辅助教学等，以丰富教学内容和拓展教学形式。同时，通过建立集中的资源管理平台和提供必要的技术支持，可以促进教师更有效地利用这些资源和技术进行教学活动。

2. 加强教师培训和专业发展

高职院校应制订长期和系统的教师培训计划，关注教师的专业知识更新和教学技能提升。这可以通过定期组织各种形式的培训活动（如内部研讨、外部讲座、工作坊、实地考察等）来实现。特别是在大数据、云计算、人工智能等领域，教师需要获得相关的基础知识和应用能力，以便更好地融合这些技术到教学实践中。

3. 促进教学研究和创新

鼓励教师参与教学方法和技术的研究，尤其是那些与行业紧密相关的领域。学校可以通过设立专项研究基金、优化研究条件、搭建研究平台等方式，支持教师开展个人或团队的教学研究项目。与此同时，高职院校还应建立有效的激励机制，如奖励制度、晋升渠道、学术认可等，以表彰在教学研究和创新方面做出突出贡献的教师。

4. 强化实践教学和产学合作

大数据时代要求教师不仅具备理论知识，还需要了解行业动态和实际需求。因此，高职院校应加强与企业和行业的合作，建立长期稳定的实践教学基地，为教师提供亲身参与行业实践的机会。此外，通过邀请行业专家参与教学、共同制定课程标准、开展项目合作等方式，可以使教学内容和方法更加贴近产业前沿。

5. 拓展国际交流与合作

在全球化背景下，高职院校应积极寻求国际合作与交流机会，为教师提供海外学习、访问、合作研究等机会。这不仅可以帮助教师拓宽视野、提升国际竞争力，还有助于引进国际先进的教学理念和方法，促进学校教育质量的整体提升。

6. 优化组织结构和管理模式

高职院校需要根据大数据时代的特点，优化其组织结构和管理模式，建立更加灵活、高效、开放的组织机制。这包括简化管理流程，减少层级，鼓励跨学科和跨部门的合作；建立开放和共享的文化氛围，支持教师自主创新和持续学习；以及通过数据分析和智能管理工具，提升教学管理的科学性和精确性。

总体而言，高职院校在大数据时代提升教师教学能力的关键，在于创建一个支持创新、重视实践、鼓励探索的教育环境，同时为教师提供充分的资源、平台和机会，使他们能够应对快速变化的教育需求和挑战。通过综合运用上述策略和措施，高职院校将能够在培养适应未来社会和经济发展需要的高素质人才方面，扮演更加积极和有效的角色。

（三）教师层面

在教育领域，尤其是在高职教育环境中，教师是推动教育创新和学生发展的关键因素。面对大数据时代带来的挑战与机遇，高职教师需要从个人层面出发，积极拓展自身的教学能力和专业素养，以适应教育领域的快速变革和技术升级。以下分几个方面具体探讨在教师个人层面可以采取的策略。

1.提升数据素养和技术能力

大数据技术在教育领域的应用越来越广泛，对教师的数据素养和技术能力提出了更高的要求。高职教师不仅需要掌握基本的数据分析技能，理解数据在教学和学生评估中的作用，还应能够利用现代技术手段（如学习管理系统、在线评估工具等）来优化教学过程和提高教学效果。此外，教师还需要不断更新对相关领域的认识，如人工智能在教育中的应用，以确保其教学策略的现代性和有效性。

2.加强跨学科融合与创新教学

当前，解决复杂问题往往需要跨学科的知识和多元思维。高职教师应该具备跨学科的教学能力，能够整合不同领域的知识，为学生提供全面、深入的学习体验。这要求教师不仅在本专业领域有深厚的功底，还需要对其他领域有一定的了解和认识。通过创新教学方法，如案例教学、项目导向学习、协作学习等，教师可以帮助学生建立系统性和综合性的思维方式，更好地解决实际问题。

3.开展终身学习和自我提升计划

教育是一个快速变化的领域，新的教学理念、方法和技术不断涌现。高职教师应具备终身学习的意识和能力，定期对自身的教学实践进行反思和评估，不断寻求自我提升的机会。这可能包括参加专业发展课程，订阅相关学术期刊，加入专业组织，或与同行建立学习社群等。通过终身学习，教师可以保持教学活力，提高教学质量，更好地引导和激励学生学习。

4.加强情感交流和学生引导

在大数据时代，教师与学生的互动不应仅限于知识传授。教师需要建立与学生的情感联系，了解学生的个性、兴趣和需求，以提供更个性化、更具针对性的教学支持。这要求教师具备一定的心理学知识，能够运用有效的沟通技巧和策略，激发学生的内在动机，帮助他们克服学习中的困难和挑战。通过情感交流和正向引导，教师不仅可以提高学生的学习投入和满意度，还可以培养他们的批判性思维和自主学习能力。

5.实践与研究并重

高职教师的角色不仅是知识的传授者，还是教学实践的研究者。教师需要将教学实践与教育研究相结合，不断探索和实验新的教学方法和策略。这可能涉及课堂实验、行动研究、案例分析等多种形式。通过实践研究，教师可以基于实证数据改进教学设计，提高教学决策的科学性和合理性。同时，这也有助于教师发展专业认同感和研究能力，促进其职业发展和满意度提升。

综上所述，高职教师在大数据时代需要从多个层面提升自身能力，包括技术能力、教学方法、终身学习、情感交流和教学研究等。通过这些策略的实施和整合，教师不仅可以增强自身的教学效能和专业成长，还可以为学生提供更高质量、更具针对性的教育经验，从而培养他们成为适应未来社会和职场需求的高素质人才。在这个过程中，教师的自主性、创新性和持续发展意识是不可或缺的，这将是高职教育质量提升和教育目标实现的关键因素。

三、大数据时代高职教师教学能力提升的未来展望

随着大数据和人工智能技术的飞速发展，全球教育格局正经历前所未有的变革。这种转变尤其影响了高等职业教育（简称高职教育），要求教师不仅更新教学理念，还须拓宽技术视野，加强个人职业能力。展望未来，高职教师教学能力的提升将更加注重技术融合、个性化教学、跨界合作和持续自我发展等多个方面。以下详细分析几个主要的未来发展趋势。

（一）教学与技术的深度融合

未来，大数据、人工智能和其他先进技术将更深层次地融入教学中。高职教师不仅需要掌握数据收集、分析和解读的基本技能，还要能够将这些技术应用于教学设计、实践和评估等全过程。例如，通过大数据分析，教师可以更准确地把握学生的学习进度和难点，实时调整教学策略；通过虚拟现实和增强现实技术，教师可以为学生创造更加直观、互动的学习体验。随着教学与技术的进一步融合，教师的角色也将从传统的知识传授者转变为学习过程的设计者和引导者。

（二）个性化和智能化教学的发展

大数据时代提供了实现个性化教学的可能性。基于学生的学习数据，教师可

以设计更符合个人需求和特点的教学计划，实现因材施教。同时，人工智能等技术的应用也将使教学更加智能化。例如，智能教学助手可以协助教师进行学生评估、作业批改等工作，让教师有更多时间和精力关注学生的个性化需求。未来的教室将不再是"一刀切"的学习模式，而是每个学生都能获得针对性的指导和支持。

（三）跨界合作与团队教学

解决当今社会的复杂问题需要多学科知识和多元思维。未来，高职教师将更加注重与不同领域的专家合作，开展跨界教学活动。通过团队教学，学生不仅可以从多个角度理解问题，还能认识到跨学科协作和沟通的重要性。此外，教师之间的合作也将得到加强，如共同设计课程、分享教学资源、开展教研活动等。这种跨界合作不仅能丰富教学内容，提高教学质量，还有助于培养学生的创新能力和团队精神。

（四）继续教育与自我发展

在快速变化的教育环境中，教师的终身学习和自我发展显得尤为重要。未来，教育机构和政府部门将更加重视教师的继续教育，提供更多的学习资源和发展机会。教师也需要建立自我发展的意识，积极参与各种专业发展活动，如研讨会、工作坊、在线课程等。通过不断学习，教师可以更新知识结构，提高教学技能，更好地适应教育的新趋势和新要求。

（五）教育研究与实践探索

随着教育理论和实践的不断发展，高职教师也需要更深入地参与教育研究，探索符合学生、社会需求的新型教学模式。未来，教师可能需要学会如何以实际教学中遇到的问题为导向，通过观察、反思、实践、总结等一系列步骤，不断优化教学方法和策略；或者与企业合作，研究职场技能的最新需求，将这些需求转化为教学内容和活动。此外，随着远程教育和在线学习平台的普及，教师也需要研究如何有效地进行线上教学，满足不同学生的学习需求。

综上所述，高职教师在大数据时代面临许多新的发展机遇和挑战。他们需要不断提升个人能力，探索新的教学方法，以适应教育技术的快速发展和社会对高素质人才的日益增长的需求。在这个过程中，各级政府部门、教育机构和教师个人都需要密切合作，共同推动高职教育的可持续发展。

参考文献

[1] 李国成，向燕玲 . 高职院校教师专业发展与教学创新团队建设研究 [M]. 杭州：浙江工商大学出版社，2022.

[2] 吴益群 . 高职教育的创新与发展 [M]. 长春：吉林人民出版社，2021.

[3] 杨维东 . 大数据视域下教育舆情解析 [M]. 北京：经济科学出版社，2021.

[4] 廖伏树 . 创新视角下的高职教育管理 [M]. 北京：光明日报出版社，2021.

[5] 张骏 . 大数据时代职业教育教师数据智慧发展研究 [M]. 北京：旅游教育出版社，2020.

[6] 肖君 . 教育大数据 [M]. 上海：上海科学技术出版社，2020.

[7] 黄源，董明，刘江苏 . 大数据技术与应用 [M]. 北京：机械工业出版社，2020.

[8] 陶皖 . 大数据导论 [M]. 西安：西安电子科技大学出版社，2020.

[9] 刘晓洪，翁代云，张艳 . 教育大数据视域下的智慧校园建设与应用研究 [M]. 北京：冶金工业出版社，2019.

[10] 何兴无，蒋生文 . 大数据技术在现代教育系统中的应用研究 [M]. 长春：东北师范大学出版社，2019.

[11] 申时凯，佘玉梅 . 我国现代化教育大数据应用技术与实践研究 [M]. 长春：吉林大学出版社，2019.

[12] 夏莉琼 . 以大数据思维推动思想政治教育创新发展 [M]. 吉林出版集团股份有限公司，2019.

[13] 陈晓红 . 大数据时代的信息素养教育理论与实践 [M]. 成都：西南交通大学出版社，2017.

[14] 王秀华 . 基于大数据分析的高职院校学生思想政治教育研究 [M]. 哈尔滨：

哈尔滨工程大学出版社，2017.

[15] 丁文利 . 高职教育专业动态调整机制构建 [M]. 北京：中国纺织出版社，2018.